知识生产的原创基地
BASE FOR ORIGINAL CREATIVE CONTENT

颉腾商业
JIE TENG BUSINESS

乘浪者

高绩效组织的领导力

[美] 哈里森·欧文（Harrison Owen）◎著
郑晓琼 马红乐◎译

WAVE RIDER

LEADERSHIP FOR HIGH PERFORMANCE IN A SELF-ORGANIZING WORLD

SPM 南方传媒 | 广东经济出版社
·广州·

图书在版编目（CIP）数据

乘浪者：高绩效组织的领导力 /（美）哈里森·欧文著；郑晓琼，马红乐译．— 广州：广东经济出版社，2022.8
ISBN 978-7-5454-8258-4

Ⅰ．①乘… Ⅱ．①哈… ②郑… ③马… Ⅲ．①组织管理学 Ⅳ．① C936

中国版本图书馆 CIP 数据核字 (2022) 第 125513 号

版权登记号：19-2022-009

策　　划 颉腾文化　　**封面设计** Colin
责任编辑 陈　潇　王春蕊　李沁怡　　**责任技编** 陆俊帆

乘浪者：高绩效组织的领导力
CHENGLANGZHE：GAOJIXIAO ZUZHI DE LINGDAOLI

出 版 人 李　鹏
出版发行 广东经济出版社（广州市环市东路水荫路 11 号 11 ～ 12 楼）
经　　销 全国新华书店
印　　刷 北京市荣盛彩色印刷有限公司（河北省保定市涿州市常家庄村）
开　　本 640 毫米 ×910 毫米 1/16
印　　张 17.25
字　　数 161 千字
版　　次 2022 年 9 月第 1 版
印　　次 2022 年 9 月第 1 次
书　　号 ISBN 978-7-5454-8258-4
定　　价 69.00 元

图书营销中心地址：广州市环市东路水荫路11号11楼
电话：（020）87393830　邮政编码：510075
如发现印装质量问题，影响阅读，请与本社联系
广东经济出版社常年法律顾问：胡志海律师

译者序

遇见热情

2014 年 7 月，卫格尔（Gail West），这位七十多岁的美国老人飞到上海，开办了一场开放空间与高绩效的工作坊。当时已在职场担任人力资源顾问十年的我还不知道何为开放空间，只是好奇他为何有如此热情。三天后，我与 50 个伙伴体验到了前所未有的真诚和自由的对话：我们跟随内心的意愿，参与有贡献或者成长议题的讨论。当卫格尔邀请我们画出心中的开放空间时，外婆的小院呈现在我眼前：窑洞、梧桐树、菜园，以及热乎乎的蒸饺和红豆汤。外婆从不督促我做任何事，所有的事情都是我自己决定是否去做，而遇到困难时，外婆总是给予我信赖和支持。这时我才领悟到：外婆给了我最好的教育，让我在开放空间中成长。

实践惊喜

带着这份感动，我开始了一系列的开放空间实践。从新员工培训入手，到领导力和组织发展，再到战略目标落地，从不同行业的企业到大学，只要遇到“复杂，多元参与，没有答案”的问题，我都信赖开放空间。我在历经超过 100 场开放空间工作坊后发现，每场都有惊喜，参与者不仅可以放大（zoom out）看到整体，也能缩小（zoom in）看到团队的优点和贡献，找到通往答案的路径。那么，对我而言，这些积累和体验又意味着什么呢？

梦想之旅

2018 年 8 月 8 日，我选择放下曾热爱的驭势科技人力资源合伙人的角色，踏上了更加热爱的开放空间世界之旅。在冰岛首都雷克雅未克，我第一次参与世界开放空间大会，听到了来自全世界 30 个国家的顾问、咨询师、引导师、企业家分享的开放空间故事。来自荷兰大学的四个大学生的议题深深地打动了我：如何能通过开放空间为大学生赋能？是的，年轻人是未来，假如能在他们心中种下“热情与责任”的种子，在未来，他们就能为这个世界创造更大的价值。2019 年 10 月，我在华盛顿见到了哈里森·欧文先生，向他请教了一个问题：什么是开放空间？哈里森答：空间始终存在。

相信自己

2020 年，新型冠状病毒肺炎疫情毫无征兆地出现，全人类遇到的问题变得更加复杂、多元且没有答案，这给了全人类静下来思考的机会：我们该如何对待地球？我们能留给后代的又是什么？这也许就是哈里森在他的 11 本系列书中一以贯之的“精神”。未来人们在面临挑战时，如果能早一点种下“开放空间”精神的种子，无论是个人还是组织，都将被赋能。我的理解是，开放空间实践的是“相信”的精神，空间始终存在，就意味着全然纯粹地相信自己，才会相信他人。也正是这种底层最真实的相信的力量，带领我们穿越时空，快速找到通往未来的路径。

梦想与未来

每次飞机落地我都觉得像梦了一场。有个好朋友跟我说：至少梦过。这四个字叩响了我的灵魂，人生如此短暂，所以来的人都是对的人，该开始就开始，该结束就结束，当下发生的，就是当下只能发生的事情。我要感谢曾遇到的每个你，正是因为每个你成为我生命的助力，才让我有空间和勇气去承载开放空间的使命。

感谢马红乐和郑冰在《乘浪者》和《精神原力》的翻译过程中给予我的大力支持。

感谢我的外婆、我的爸爸妈妈、卫格尔、哈里森·欧文、许逸臻（Laura Hsu）、锺宗贸、劳伦斯（Lawrence）！

感谢我生命中的导师：曹阳、吴岱妮、杨兵兵、刘瑞群、吴甘沙、黄波。

感谢始终信赖和支持我的朋友：江建华、刘巍、李钰、梅子、王燕晖、宋庆华、任伟、唐文、黄鑫等。

最后，我要感谢看到这本书的您，并从未来向您发起邀约：让我们将开放空间的哲学思想，将热情和责任传递给年轻的下一代，支持未来的人们、未来的工作、未来的领导力、未来世界的发展更加开放和可信赖！

郑晓琼

中国开放空间的布道者

2022 年 3 月

中文版序

哈里森·欧文致中国读者的信

我是一个讲故事的人。

说实话，我原本想成为一名学者，但是我惊讶地发现：没有人会被事实、数字和脚注打动，然而一个好故事会从精神和思想层面打动人们。

也许你已经知道，但我还是要提醒你：讲故事的人不太在意事实，比如“事实是什么”“到底发生了什么”。然而，如果是一个好故事，那么事实自然会浮出水面，而事实也会让故事变得更好——请注意，你会记住这个故事……并且这个故事可能会改变你的生活。

你即将读到的这本书，以及它的姊妹篇，都是我要讲的故事的一部分。这是一个古老的故事，绝对不是我的原创。更早的，无疑也是更好的版本，来自所有的时代和文化。而其中一个最重要的贡献是来自中国的老子，《道德经》是他给全人类的礼物。

现在讲的这个故事是关于精神以及精神形成和变革的方式。有些人把精神称为“意识”——但对其他人来说，它也可能没有名字，正如老子在《道德经》中所提醒我们的那样：“道可道，非常道；名可名，非常名。”

我不知道精神到底是什么，自然也不能定义它。但当我遇见它时，一定能认出它。我珍爱快乐的精神，赞美民族的精神。当精神低落时，我会感到沮丧，那时我会鼓励我的伙伴们“把精神振作起来”。

当精神强大时，我会跟随它的领导。一旦精神消失，就意味着结束——有人会称之为“死亡”。但实际上，结束也只是精神的一种新形式……悲伤（或者更确切地说是“悲伤疗法”），这是精神的一种自我重建。当所有旧的方式已经成为过去，而新的可能性还未出现时，我们会经历震惊、愤怒、否认、回忆、绝望和虚无的宁静开放空间这几个阶段——在愿景和想象的引导下，最终精神会从结束过渡到新的开始。数千年来的故事都是这样。

故事不只是通过语言来讲述的。仪式活动也能讲述故事，并且有很多表现形式，其中最古老的一种形式是古人围坐在篝火旁，并形成一个简单的圆圈。

我们中的一些人应该已经经历过该形式的现代版本。一群人被共同的热情联结在一起，围坐成一个圆圈，把个人关心的主题制作成海报贴在墙上，开放一个集市[①]，确定会议的时间和地点——然后他们就开始工作了，没有领导或预设的议程。当然，还有很多词可以用来描述这种活动，但它们都没能抓住地点和时间的本质。通常这种本质会出现在人们安静地围坐在一起时。当这种寂静被打破时，我们似乎会听到一个声音："我感觉像回到了家。"

这种"奇怪的活动"被称为"开放空间技术"。按照科学的相关研究，开放空间如同宇宙本身一样古老，实际上宇宙是开放空间的最初例子。科学领域也把开放空间技术称为涌现、自组织、进化等，但我更喜欢称之为"生活"。

这就是我的故事，或者更准确地说，是我的"沿途笔记"。尽管其他人可能会有不同的看法，但我在这里只讲述自己经历的故事。请您尽情欣赏这个故事吧，并将它传递下去。

哈里森·欧文

2022 年 3 月

① 此处意为组织一个交流空间，类似土著集市，人们自由地聚集在小摊上，买卖东西，同时交换当天的新闻。——译者注

推荐序

高绩效领导者——“允许”的修炼

在我从事组织发展引导工作的二十余年中，有许多机会发现组织的运作规律与本质。其中一次是在协助管理者设计会议的提问时。当时运用的是焦点讨论法——有四个层次的提问，分别是事实层次、反映（感受）层次、诠释层次、决定层次。当时讨论的主题是复盘某个项目。其中反映层次有个可以使用的问题是“让你惊讶的是什么”。我记得当时有位管理者说：“这样问可能有问题，因为我们（团队成员）就算感到惊讶，也不能在老板（领导者）面前说出来，因为老板不喜欢（被）惊讶。”

我当时领悟到，他所说的应该是影响组织运作的一个底层假设。所以我陆续在这方面做了一些研究。的确，惊讶是管理者不喜欢的，在资本市场对于公司的价值要有正确的评价，管理者（经营者）要对未来做出预期，而且要如期呈现绩效。绩效低于预期，自然是不能接受的，这代表开出来的支票不能兑现。而如果绩效超出预期，也会导致在交易当中过早地以低估的价值出售，这也是让资本市场不悦的。这样的价值观落在组织运作当中，就是对于控制的需要，追求的就是我们如何按照“计划”产出结果。

然而，在真实的世界中，想要控制一切简直是天方夜谭：环境变幻莫测，在 2020 年以前，应该没有几个人能想象到新型冠状病毒肺炎疫情对整个世界造成的翻天覆地的改变；技术日新月异，随时可能颠覆行业的游戏规则；随着不同世代的价值观改变，人才的流动与更迭不再是简单的“胡萝卜加大棒”能够驱动的。世界上的一切都在宣告着变化的本质。

在变与不变的拉锯当中，人们如何能获得高绩效的成果呢？常见的做法是更有力的控制。哈里森在本书中说的，“当控制被认为是一个人或少数人的财产，通过它，许多人被引导（或被迫）进入正确的提高效率、有效性和高绩效的途径”，简单来说就是更多地照着做与宣贯。若长期使用这套策略，那么成就高绩效组织的创新成果、互信的团队关系以及个人的成就感就会非常困难。

哈里森对组织进行了多年的研究，早在二三十年前就已经提出对于自组织的体悟，并总结出可操作并可实现的开放空间方法论。他是走在时代前沿的实践家，在《乘浪者》和《精神原力》中指明了可行的道路，让我们可以得到开放空间自组织的精髓和高绩效表现的秘诀，走上组织觉醒之路——我们不能控制，但我们可以与之共舞。

我的引导工作经常都是协助领导者运用有限的时间和空间，让团队一起解决经营或组织上的难题。有时介入性或步骤明确的引导方法能直接起作用，但大部分需要创新、紧急且重要的复杂议题，反倒是需要借助自组织的力量。简而言之，就是把客户交到我们手上的可支配的时间和空间，都还给团队去支配，我们做的只是确定好条件而已。这时，领导者能否信任并允许团队自组织，取决于他能否改变需要控制的习惯。一旦改变，即使面对再困难的变革，往往也能“柳暗花明又一村”。这样允许团队发挥自组织高绩效的时间和空间，不只是体现在引导工作坊现场，还能在各种领导或管理的场景中起到关键作用。

站在更高的维度来看，我认为领导者和企业觉醒之路都要践行的是“允许”的修炼。允许在变革发生时，那种让“美好时光已逝”带来的“悲伤疗法”发挥它的效用。“悲伤疗法”的过程中，“绝望”听起来是很凄凉的一个阶段，但是唯有走到绝望才能真正切断“美好时光还会回来”的幻想，才有新的可能。

我曾有幸跟着哈里森学习，虽然他说得不多，但他直接践行了自己的信念与价值观。2001 年，我们邀请他来开办开放空间与高绩效的工作坊，他开完场之后，就先回去睡午觉了，完全把时间和空间交给了我们，然后待大家自组织到达高峰，再回来和我们对话与交流，他完全改变了我们对“老师”的定义。这位老前辈对组织发展、管理界做出了莫大的贡献，在本书中他用白话将这些简单的原则、法则，甚至背后运作的自组织原理论述了一遍，让实践者有所依凭。也感谢我们的朋友——中国开放空间的布道者郑晓琼女士和马红乐先生将此书翻译出版，将哈里森先生的研究分享给更多人。接下来就需要读者阅读后在实践中加以印证，并将切身体会转为对自组织力量的更加深沉的信念。相信大家未来的乘浪过程精彩可期！

许逸臻[①]

2022 年 3 月

① 许逸臻，Open Quest开放智慧引导科技股份有限公司、上海睿问企业管理咨询有限公司创始人之一，IAF国际引导者协会认证的大师级专业引导师以及评审（IAF Certified© Professional Facilitator | Master / Assessor），国际引导影响力金奖得主。——出版者注

前 言

40 年来，我一直在不断地思考和写作，直到这本书让我停了下来。作为本书的开篇介绍，我想和大家分享那段时光。

1965 年，我写了一篇论文，但没有发表。它的副标题是《混沌、秩序和创造性过程》。这篇论文实际上论述的是解读《圣经》的神秘方法，尤其是对传奇的本质和作用的理解。通过深奥的《圣经》学术研究，我发现了一个持续出现的主题：混沌与秩序的伟大宇宙之舞（The Great Cosmic Dance of Chaos and Order）。从那时起，我就一直致力于这个主题的研究。

大概就在我写那篇论文的时候，由于民权运动，我的人生道路彻底地偏离了对《圣经》的学术研究。突然间，我发现自己就生活在“混沌与秩序之舞”中，而不仅仅是阅读和思考这个问题。

在接下来的几年里，我的行程排得非常满。我在美国南方街头组织活动；在华盛顿特区实施一个大型扶贫项目；与和平工作队（Peace Corps）一起前往非洲，并担任了该工作队驻利比里亚蒙罗维亚的副队长；在返回美国后，又领导了一个医疗基础设施开发项目；之后，我又为美国国立卫生研究院（National Institutes of Health）下设的一个研究机构（NHLBI）建立了一个公共性质的患者健康教育项目；最后，我为退伍军人管理局创办了一个高级管理人员发展项目。这之后，我结束了整个行程。

在那段时间里，我忙碌得几乎没有时间思考，至少无法思考关于“混沌、秩序和创造性过程”的问题。我在弗吉尼亚州的时候，偶然遇到了彼得·维尔（Peter Vaill），非常幸运，我们成了好朋友，并且友谊一直持续到现在。

后来，我创办了自己的公司。当我在为新业务寻找客户时，我花了不少时间思考：我能为客户提供什么样的服务？从某种程度上讲，答案很简单，就是继续做我过去几年一直在做的事情。

但随之而来的另一个问题是：有很多人在做同样的事情，是什么让我与众不同呢？当我反思自己的经历时，发现自己似乎具有一种奇特的能力能够迅速地触及问题的核心，并设计出简单的策略和结构，而且这些策略和结构常常让我自己都感到吃惊，也令我的客户非常满意。但不幸的是，我并不知道这一切是如何做到的，只是感觉这似乎跟人们讲述的故事（我称之为“传奇”）有很大关系。

在那段时间里，我和彼得·维尔经常见面。通过与彼得的交谈，我最终明白了，是我无意中把所知道的古代近东地区（The Ancient Near East）的传奇和仪式应用到了我所服务的组织中。简言之，就是我将自己融入古代近东地区的传奇故事中，仔细、认真地分析其中蕴含的信息，从而进入某种精神世界，随着能量的流动，就会影响到真实世界的某些事情的发生。

彼得建议我写一篇主题为“传奇与组织文化”的文章，我接受了这个建议并将写好的文章寄给了彼得指定的一家著名杂志等待发表。但之后不久，我收到了不太乐观的回复。编辑认为，整篇文章的内容太离谱了，缺乏可信度，不能发表。那时是 1979 年，在当时，认为组织中存在“传奇和文化”的观点远远超出了市场所能接受的范畴。

我想我应该将更多精力投入到公司的新业务中，但是我被“传奇与组织文化”的故事深深地吸引住了。正是这个原因，让两条截然不同的人生路线（学者和活动家）迅速地交织在一起，把我带到了一个其他人似乎不太感兴趣的地方。从组织的传奇、仪式和文化中，我发现自己更深入地了解到了这些故事在讲什么，但我的大部分同行似乎并不认同。

按照当时的认知，组织处于一个线性发展的过程中，有些组织做得非常好，另外一些组织则做得不那么好。后者在组织发展的大主题下，有很多可以去改善的地方。

对此，我的理解截然不同。我不但可以看到整个发展过程，而且我认为自己还能看到几乎瞬间的、根本的状态改变。然而奇怪的是，这些组织似乎在做出某些改变，但它们遵循的轨迹仍然只是标准的线性模型。对我来说，只有一个词可以用来描述它，就是“变革”。基本的机制正是“混沌与秩序之舞”。

在我看来，把“变革”和“组织”结合起来，创立“组织变革”，这只是一小步。我的几位朋友也有类似的想法，因此我们就组成了一个“组织变革”的团体（OT Cabal）。我们研究的焦点问题很简单，就是组织变革是什么样的，以及我们能为它做些什么。

我们经常会找一些奇特的地方碰面，进行较长时间热烈的交谈。我们最喜欢去的地方是位于弗吉尼亚州罗莎琳的一家不起眼的叫“企鹅”的餐厅，成员通常包括：约翰·亚当斯（John Adams）、琳达·阿克曼（Linda Ackerman）、弗兰克·伯恩斯（Frank Burns）、吉姆·钱农（Jim Channon）、丽莎·金博尔（Lisa Kimball），当然还有我的好朋友彼得·维尔。

在此期间，我和我的朋友戴维·贝尔·艾尔（David Belle Isle）在一次地区组织发展网络（ODN）会议上，发表了一篇论文，题目是《传奇和仪式是组织变革的基础》。

那篇论文我已经找不到了，但我还记得最后几句话是这样写的：“我真的不知道‘组织变革’是什么，但我认为它可能是‘组织发展’的自然继承者，更适合这个变革的世界。”

人们对这篇论文的反应很强烈，这令我很吃惊。在我看来，只有“组织”和“变革”放在一起，才能描绘出一个有趣的研究及实践领域。而另外一些人则认为，这是组织发展（OD）和组织变革（OT）之间的对抗。很明显，对话圈正在不断扩大，如果真的想理解我们正在谈论的东西，就需要进一步扩大对话的范围。

1983年夏季，在新罕布什尔州达勒姆（Durham，New Hampshire）举行了第一届组织变革国际研讨会，对话圈范围扩大了，有250人加入了最初的组织变革团体。我们一开始就清楚地认识到，我们是从零开始去定义和理解组织变革的。客观地讲，我们仍在求索的荒野中徘徊，但至少现在有了更多的同行者。

这次研讨会的成果之一就是开放空间技术（OST），但是我当时并没有立即意识到这一点。虽然会议进行得很有趣也很刺激，但真正精彩的部分却发生在茶歇时，这令人很震惊。我们差不多花了一年的时间来组织这一切，然而最令人兴奋的环节却发生在我们完全没有组织的部分。

1985年，我提议再组织一次同样的聚会，但决定不再经历那种长期准备的痛苦了，采用开放空间技术似乎是正确的选择。事实证明，我们的选择是成功的。

正如大家所知，开放空间技术本身是简单的，大家围坐成一个圆圈，创建一个公告栏，开放一个集市，然后就可以开始了。有一名引导者，但他不进行任何干预，一切都是顺其自然地在运行。通过开放空间产生的对话内容丰富多彩，理解组织变革的旅程似乎正在顺利进行中。

我把个人在这个领域的努力写入了我的第一本书《精神：组织变革与发展》。与其说是我创作了这本书，倒不如说是这本书创作了自己。说实话，直到我开始写下一章之前，我都不知道下一章是什么。但是随着进入传奇、仪式和人类意识进化的世界，我发现所有内容都是关于混沌、秩序和创造性（变革）过程的。

我为自己写了这本书，只是想看看在前几年混乱的想法和感受中，是否有任何逻辑性和连贯性。当我和朋友分享时，他们催促我在这上面多做一些,所以我就把打字稿变成了这本书。

众所周知，《精神：组织变革与发展》这本书从来都不是畅销书，但是它似乎在网络上具有持续的生命力。当《优涅读者》杂志（*Utne Reader*）称其为“另类经典”时，它才声名鹊起。

我在 20 世纪 90 年代陆续出版了《骑虎难下》（*Riding the Tiger*）、《千年组织》（*The Millennium Organization*）及《领导力是什么》（*Leadership Is*）。我的一些朋友委婉地跟我说，内容似乎有些重复，我不得不承认，他们说的是对的，但是当所有的作品都只有一个单一的、压倒一切的主题——混沌、秩序和创造性过程的时候，你又能怎么办呢？

此外，我开始认识到，我更像是一个讲故事的人，而不是一个学术作家。讲故事的人的一个主要特点是，他们一遍又一遍地讲述同一个故事，每次都稍微改动一下，以展示故事的不同方面。

20 世纪 90 年代也正是“混沌和复杂性理论”进入公众视野的时期，尽管大多数的支持者是物理学家、化学家和生物学家，但是我却把他们看作是我的同行。偶尔遇到他们的时候，我不得不指出，他们的“新科学”确实令人兴奋，但也许不是所有的内容都那么新。

据我所知，关于混沌和秩序的严肃思考已经持续三四千年了，最早可以回溯到巴比伦创世史诗中关于马尔杜克（Marduk）和提亚玛特（Tiamat）的故事。

1992年，我出版了《开放空间技术：用户指南》，这大约是在第一次开放空间活动的7年后。我写这本书是为了实用，因为随着开放空间技术的传播，越来越多的人开始使用它，更多的人想知道怎么做。所以，写一本书似乎是一个合理的解决办法。

与此同时，我对开放空间技术（简称OST，该名称来自*Open Space Technology: A User's Guide*一书）的认识也发生了巨大的变化。最初，开放空间技术只是用来解决棘手问题的一种简单方法，如组织会议，它显然实现了这一目标。然而，一个新的问题出现了。几乎所有与组织会议有关的理论和实践，都表明开放空间技术无法发挥作用，但它确实发挥作用了，这是怎么做到的呢？

无论是什么原因，很显然，开放空间技术遵循着一些截然不同的规则，而且似乎唯一在它身上适用的规则是从自组织系统的世界中学习来的。更奇怪的是，我在组织变革主题下思考和写作的大部分内容，似乎在开放空间聚会上都发生了。在没有任何事先计划或准备的开放空间中举行的会议，似乎更具有变革性。

我不知道对开放空间的这种新的肯定是不是突然发生的，但是确实在某一时刻，我突然意识到，自己被置身于一项正在进行的自然实验中。我们有一个清晰的流程（实验程序），现在被世界各地的许多人在各种不同的情况下运行着。

随着实验的进行，一些非常确切而有趣的结果出现了，尤其是其中两个结果引起了我的注意。

一个结果是，开放空间提高了绩效水平，甚至有些实例效果显著，团队在几天内就完成了他们预期在几个月内才能完成的任务。另外一个结果是，大家都表现得很和谐，但不是那种每个人都睡着了或者是围坐在一起唱诵诗歌的和谐，而是一种非常活跃、充满活力的和谐。在这种和谐中，各种冲突的力量又结合在一起，相互配合。

如果这一切都是我所创立的开放空间技术的直接结果，那该多好啊！但是对开放空间而言，还有某种更深层次的东西，我认为关键要素不是开放空间技术，而是其自组织的力量，这才是开放空间技术的真正驱动力。

如果这一切都是真的，那么消除开放空间技术这个中间环节，直接指向问题源头，将是有意义的。如果这个假设是正确的，那么运转良好的自组织系统，就会自然而然地给组织带来和谐且卓越的绩效。简言之，“混沌与秩序的永恒之舞”是自组织的基本过程。当舞步跳得好时，正反馈和令人惊奇的事情（高绩效与和谐）就会发生。当舞步蹒跚时，新兴组织就会处于挣扎或死亡中。

我做了几次努力，想要把这些内容全部整合起来，不仅仅是作为一套理论，更重要的是将其应用到实践中。

在《精神原力》和《扩展我们的现在》（*Expanding Our Now*）这两本书中，我详细阐述了我的观察和想法。这些想法非常实用，但似乎没给大家留下深刻的印象。回顾过去，我看了太多的理论，但其都缺乏对实践应用的重视。

作为自我辩解，我可以引用库尔特·勒温（Kurt Lewin）的话——“没有什么比一个好的理论更实用了”，但这并没有改变现状。注重实践是必要的，当今世界的发展趋势也为之提供了必要的动力。

2001 年 9 月 11 日，世界发生了巨大的变化，旧的观念和解决方案消失了，留下了大量的问题。在这期间，我被邀请到了中东，但我完全不知道为什么会去那里，能做些什么。

在项目开始的前一天晚上，我坐在一位以色列朋友在特拉维夫附近的家的屋顶上，那晚夜色很柔和，满月当空，小云朵慢慢地飘过。夜晚的宁静和我不平静的情绪形成了鲜明的对比，这使我更加心烦意乱。然而突然间，我好像做梦一样，对着夜空说，这就是和谐。

因此，《和谐》（*The Practice of Peace*）成为我最近出版的一本书的书名。我在这本书中提到，当和谐受到威胁时，恰当的反应就是把空间打开。当这样做时，混乱的、冲突的人类系统就只能去做一件事情，即通过自组织在彼此之间、与环境之间、与自己的内在需求之间，达到一个新的、更高层次的和谐。实际上，这可能意味着，我们要应用到这 20 年来开放空间实验的基本知识，去“做一个开放的空间”。

我写《乘浪者》这本书的动力，与写《和谐》时是不同的，在写《和谐》时，世界正发生动荡，但这两本书确实是有关系的。

一个偶然的机会，一个芬兰的团体邀请我分享我正在研究的内容。我建议从《和谐》这本书开始，但迎接我的是很长一段时间的沉默。最后，我的芬兰同行们说，虽然他们个人非常关心这个话题，但他们的客户大多是企业，他们完全不确定像“如何做到和谐”这样的项目是否会得到客户培训部门的批准。他们问我是否还有别的想法。

碰巧我当时重读了彼得·维尔的开创性论文《高绩效系统的行为特征》，注意到了一些之前从未见过的东西。维尔的行为特征完美地描述了群体在开放空间中运转的表现。我想知道的是，这些行为的根源是否就是自组织的力量。如果是的话，就可以通过开放空间和系统的完全自组织来实现高绩效。我认为这个想法是合理的，所以我对芬兰的同行说，事实上，我还有另一个想法，如果他们不喜欢和谐，那是否会喜欢高绩效呢？

经过深思熟虑，我意识到，和谐的逻辑和结构对于处理高绩效的工作是非常有效的，但和谐与高绩效的焦点和案例是大不相同的。在我看来，一个和谐系统和一个高绩效系统都是同一个系统，这取决于你如何看它们。

如果只是简单的文字变化，而内容没有实质性变化，我可以接受内容重复的指责。虽然如此，我要指出的是，作为一个讲故事的人，我只是做了古往今来那些讲故事的人都在做的事。如今，重新审视我毕生的中心主题——混沌、秩序和创造性过程，我再次将这个主题转向了另一个不同的面。至于这次转向是否能引起你的关注，请阅读完这本书之后，再自行判断。

目 录

引 言

"乘浪者"

"乘浪者"（Wave Riders）是指一群好奇的人，他们拥有与生俱来的顺应潮流的能力，当其他人看不到任何可能性，甚至只能看到灾难的时候，他们总是能不断地抓住机会。他们的绩效水平一直很高，项目往往在极短的时间内完成，其卓越程度令人难以置信。

尽管他们不是每一次都能做到，但经常性的优越表现令他们脱颖而出，但他们绝不是独自一个人，而是和同事们一起，共同创建了对生产活动至关重要的社群纽带。他们还带来了一种特殊的天赋——领导力。他们对一项事业的热情和责任激励着其他人共同奋斗，不是通过支配和控制，而是通过邀请和欣赏，让许多人努力团结在一起。

说“乘浪者”顺应潮流，并不是说他们对计划、逻辑和努力工作不够重视。事实上，“乘浪者”可能是一个计划、逻辑的极端狂热者，甚至完全是一个工作狂。但是让他们与众不同的是，他们能清楚地认识到计划、逻辑和努力工作这三个方面的局限性。对他们来说，计划只是一张地图，而不是真正的领土。地图是必要的、有用的，但决不能与实际情况相混淆，更不能被置于优先地位。

逻辑也是如此。逻辑当然是好的，是有用的，但是当日常的经验表现为一种不合逻辑的方式时，就出现了“反常”。“乘浪者”明白现实中可能有多种逻辑，但很可能目前所采用的逻辑并不适合目前的情况，这种现象的一个经典例子来自量子力学刚出现时的物理世界。

传统的经典牛顿学说物理学家在逻辑上有一个缺陷，他们认为宇宙中存在完美的相干性，就如同一个精致的时钟装置。然而，随着亚原子物理世界成为研究的对象，传统的逻辑动摇了。而那些正在构思新兴量子物理学的人，则利用不合逻辑的感觉来推进他们的工作。据说，不确定性原理的创始人沃纳·海森堡（Werner Heisenberg）曾说过：“你的理论是疯狂的，但还没有疯狂到成为事实。”

关于工作，“乘浪者”确实非常努力。他们非常看重细节，并在真正有热情的事业上投入惊人的时间和精力。当他们真的在乎某件事时，他们就会表现得异常关心。这种关心是他们对事业的奉献，但是可能会令其他人感到不安。

关于“乘浪者”与工作的关系，还有另外一个令很多人可能会感到奇怪的方面。有时候，“乘浪者”可能会停下手头所有正在忙碌的事务，把任务清单和目标都搁置在一边，他们非常满足于此时此刻的状态。外部观察者可能会推理出这样的结论：“乘浪者”已经放弃了。但事实绝非如此，“乘浪者”只是暂时放手，这种“放手”与宿命论的遁世完全是两码事。

“乘浪者”最初的热情根本没有动摇，而是更加深化和强化了，他们对推动目标实现的深层力量有了更深刻的认识和信心。重要的是，我们要认识到，任何在组织、管理、强迫意义上的“做”，不仅无效，而且很可能适得其反。

在任何时候、任何地方都有可能遇到“乘浪者”，有些人会被作为重要的历史人物铭记，而另一些人的名字则永远不会被载入史册。例如，甘地（Gandhi）凭借孜孜不倦的努力和清晰的策略（计划）推动了印度独立，或许更重要的是他个人的存在以及在当下什么都不做的能力。

而迪伊·霍克（Dee Hock）则来自一个非常不同的环境——企业界。作为VISA国际组织（VISA International）的创始人，他当然做了很多事情，但是他也非常懂得放手，只是在那儿，什么也不做。他不是控制或指挥型的首席执行官，而是一个不断发展的有机实体的欣赏者。VISA国际组织现在已经成为全球最大的公司之一，但他却没有控制它。

“乘浪者”并不仅限于世界范围或企业界的英雄。一个不断成长的家庭中的母亲也在“乘浪”，要带领她的孩子们走向成年，也将驾驭那复杂而混乱的世界——我们称之为“多任务”。

可以肯定的是，她有大量的计划和任务，以及数不清的待办事项清单。但是当这一天结束的时候（实际上每一天都如此），她都不会被人记住做了些什么，而真正令人敬畏的是，她的那种独特的存在的力量。

“乘浪者”还可能出现在车间、行政套房、运动场和政府大厅中。他们出现在生活的各个不同层次和位置，但他们绝对不会被与伟人般的领袖搞混，即使他们中有些人可能拥有尊贵的头衔。

他们的力量来自一个与众不同的地方，它既不是被授予的天赋权利，也不是一种决策的控制行为，而是来自一种你永远无法掌控的力量。他们并不发出命令，而是邀请他人。他们并不把自己想象成处于一个等级制度的顶端，而是与同伴和同事们围坐在一个圈子里。

他们的力量来自自身独特的、与责任相关的热情，这种热情会吸引其他人加入一个共同的事业中来。对于那些愿意加入的人来说，这是一个既富有成效，又能满足个人成就感的事业。

需要更多的“乘浪者”

“乘浪者”一直和我们在一起，但通常不被注意到，或者即使被注意到了，也会被当作一个另类。的确，他们似乎经常不按规则行事。毫无疑问，有的时候我们也会对他们的行为报以同情的微笑。但是当好事发生时（例如困难被迅速处理，不可能做到的事也只是多花了一点时间就完成了），我们可能也会惊叹“乘浪者”的好运，显然他们也很享受这种好运。

我们可能永远也不会想到，在他们那看似疯狂的行为中，可能真的有一种方法存在。而我们过去所接受的训练和经验，使我们不会产生像他们那样的想法，“乘浪者”显然是个例外。

时代已经改变了，“乘浪者”为我们在这个混沌世界中的生存甚至蓬勃发展提供了关键线索，让我们所有人都有可能达到前所未有的高绩效。

高绩效通常是组织在寻求效率和效能时的主要关注点。如今，随着各种风险的增加，实现最佳人力绩效已经不再只是一个组织效率的问题，而成为一个全球性的生存问题。可能产生威胁的风险实际上是无穷无尽的，例如气候变化、核灾难、各种流行病，等等。

单独来看，其中的任何一个问题都是一个真正的风险，但当所有的这些问题汇集在一起，就会形成一个令人眼花缭乱的、复杂的、相互作用的旋涡。仅仅是想到这一点就足以让人头疼不已。

但幸运的是，人类在过去的几千年里，已经成功地穿越了这个地带。虽然不是那么完美和优雅，但到目前为止，我们做到了这一点。然而，许多令人不安的迹象表明，我们的好运气可能即将改变，这些迹象表现为组织功能障碍、个人疲劳和方向迷失。

目前来看，无论是大机构还是小机构，都已经被绷紧到了崩溃的边缘。即使你竭尽全力去工作，但你收件箱中来自世界各地的东西还是多到无法处理。这也同样严重影响到我们个人的生活，会使我们产生各种负面情绪，例如压力、崩溃、疏远、疲惫，等等。就像《爱丽丝梦游仙境》中的疯皇后一样，我们发现我们走得越快，我们就越“落后”。

当然，末日还没有到来，现在我们还有一些锦囊妙计，是时候考虑并寻找可替代方案了。

通常情况下，我们试图通过加倍努力地去做那些一直在做的事情，以解决我们遇到的多重困境，但如果我们的组织缺乏目标和动力，那显然需要重新组织了。而当有任何失控迹象时，我们便会加倍努力地去维护或试图通过一层一层地施加控制来重新掌控局势。

我认为，问题不在于我们做事的方式不对，而在于我们在做的事本身就是一个错误。换句话说，如果我们沿着正在走的路，是不可能到达目的地的，是时候改变路线了。

本书的观点是，我们现在必须认识到，我们以及我们的组织，乃至整个宇宙，都是自组织系统，不是组织的一点或其中某些特殊的部分，而是从头到尾、从上到下都是自组织的。如果这种观点是正确的，那么它的含义（至少）会是双重的。

首先，我们目前在组织工作上投入大量时间和精力，其实都是在浪费精力，因为系统自身几乎就能处理这些事情。其次，我们在组织和控制上的努力，不仅存在价值令人怀疑，而且还具有破坏性。我们将自己的组织观点强加于自组织系统，实质上是从中捣乱，降低了组织功能和我们的绩效水平。

换句话说，如果我们能够认识并充分地欣赏自组织的力量，我们就能从一项艰巨的任务中解脱出来，腾出更多的时间和精力来处理更紧迫的问题。更妙的是，我们还可能学会利用自组织的力量，实现目前我们做梦都想达到的最高绩效水平。我们将借助这种原始力量之势，来弥补我们自身力量的不足，这就是“乘浪者”。

“乘浪者”的秘密

“乘浪者”的秘密就是对这个世界的根本的自组织性质有着深刻的认识。这种认知可能很大程度上来自直觉或者是有意的，实际结果就是使自己和自己的工作与自组织的原始力量相一致，进而利用它的巨大力量。同时，他们可以敏锐地意识到自身力量的局限性，尤其是控制的力量。“乘浪者”已经认识到，是令人难以置信的“混序力量”（Chaordic Forces）在起作用（在此感谢迪伊·霍克提出“混序”这一概念）。所以，完全的控制，至少是许多人似乎正在寻求的那种控制，不过是一个美好的、几乎不可能实现的愿望。

“乘浪者”的形象来自冲浪世界，为人类与自组织世界的相互关系提供了一幅生动的画面。为了理解这一点，我们必须设定一个冲浪者可能会经历的场景。最简单的画面是，有一大片海，海上有很多海浪，还有一小块冲浪海滩就在前面。目标很简单：你站在冲浪板上，乘着波浪，直到到达海滩。虽然这一过程中可能会经历许多小事故，但是当真正的浪潮到来时，那将是你一生难忘的经历。

对于那些坐在沙滩上的人来说，尤其是像我这样不喜欢冲浪的人，这个场景看起来很简单——海浪、冲浪板、沙滩和天空。但是对于一个经验丰富的冲浪者来说，他看到的却完全不同。让我们从海浪开始说起。

看似优雅简单的波浪，其实却是一个有着悠长历史的复杂怪物。故事从美国西海岸浩瀚的太平洋开始，微风吹皱了原本光滑的水面，这时小波浪产生了。

当不同方向的风吹过水面时，小波浪会在一个复杂的抵消和放大的过程中不断合并。奇怪的是，水体本身几乎不动，只是力量从中穿过，并被位于海中的岛屿和大陆的干涉力量所改变。因此，波浪形成的历史远远超过第一阵风吹起的时间，几千年来的地壳板块运动和猛烈的火山活动都留下了它们的印记。

当波浪的力量使加利福尼亚海岸的海水涌动时，当地的力量和环境也会给这个复杂的过程留下印记。不同的海底类型会影响水面的波浪，直到它从周围的海面涌起，进入正在等待的冲浪者的视野。波浪表面上看起来很简单，却包含着错综复杂、相互作用的巨大力量，而且有着悠久的历史。

当那一刻到来的时候，冲浪者、波浪和冲浪板会连成一体，所有的历史、复杂性、技巧、涌动的力量和随机的混乱，在这样一个完全兴奋的无意识时刻融合在了一起。冲浪者疾驰而下，穿过前进波浪的宽阔面，激起的浪花播洒在天空与身后。虽然那一刻迟早会结束，就像生命中的一切一样，但就在那一刻，在太平洋这样一个巨大的自组织系统的力量推动下，高绩效被加速了。

我们可以从冲浪者那里学到些什么，以帮助我们在时代浪潮中获得高绩效呢？有两个主要的教训（虽然是负面的，但同样重要）。

如果我们过去认为前进的道路仅仅是一个理性的项目，我们可以思考怎么走，那么现在我们显然会有新的认知。随机的复杂程度，就足以打击那些聪明的头脑，更不用说混乱、困惑和冲突了。当然，这并不意味着良好的、务实的事实收集、分析和计划是无关紧要的，这些努力是有其作用的，但永远不要跟现实相混淆，你所做的这一切都只是一幅领土地图而已。

第二个教训是与控制有关的。坦率地讲，任何一个冲浪者如果认为自己能够控制波浪，哪怕只有一瞬间，都会以一种最令人难忘的方式被打击。当然，前提是冲浪者还对那一时刻剩下点记忆。

然而，完美的冲浪确实发生了，尽管那一刻的复杂性让人头脑麻木，而且完全缺乏控制。这似乎是一种运气，但即使是这样，这种运气也不是随机分布的。很明显，有些冲浪者是真的懂了，而其他人却做得不太好。虽然技术和经验起着重要作用，但当冲浪开始时，冲浪者是没有时间去浏览关于冲浪的42 个要点的。一旦冲浪者到达波浪面，开始向下俯冲时，规则已经改变了，在这一瞬间，包括技术和经验在内，一切都被超越了。

像所有的比喻一样，关于“乘浪者”的比喻也有其局限性，但是我希望它可以将我们带入自组织系统的世界，最终把有意识、有感觉的人类的冒险活动，引向一个有趣而满意的结局。

“乘浪者”形象的局限性主要在于，它可能会把我们导向极端个人主义，以及认为高绩效只有伟大的领导者才能做到。独行的冲浪者面对巨浪，如 Mavericks[①]，顺流而下，只是一瞬间的事。但是在这一刻的之前和之后，有无数的人在进行着无

① Mavericks，一组壮观的巨浪，周期性地出现在加利福尼亚海岸。当波浪升起的时候，来自世界各地的冲浪者聚集在一起，享受他们生命中最重要的冲浪，成千上万的观众在海滩上为他们欢呼。——译者注

数次的冲浪。

冲浪是一项社群活动，每个站在水面上的人其背后都有各具技能的成千上万的伙伴，以及他们热情的支持。独自一个人冲浪，表现了他对冲浪的热情，并对后果承担全部责任，但冲浪实际是一种分享的活动，每个冲浪者都在分享着波浪面，其他人则紧跟其后。

事实上，我们都是“乘浪者”，只是有些人比其他人做得更好。自从人类出现在地球上，我们就一直存在于一个自组织的世界中。很可能大多数人都没有意识到这个事实，而且他们对自组织世界的适应也是无意识的。另一些人则不愿意成为“乘浪者”，他们对不可控的力量深为不满，都设法打败并控制它们。

这种努力在短期内可能会取得成功，但最终，我们这个世界的强大浪潮并未减弱，这会让那些自以为在掌控的人看起来有点傻。但是也有不少人真正了解情况，哪怕只是凭直觉，就学会了如何乘浪，为自己和人类谋取福利。笔者写作本书的目的，就是让我们每个人都有意识地、顺利地成为一名“乘浪者”。

邀请参加实验

我承认，上述观点在某种程度上背离了传统的关于组织的观点以及我们在其中的地位的判定。因此，我不希望也不期望这些观点会被轻易接受。事实上，这样做只会适得其反。任何事物在接近真相之前，都还有很多东西需要思考、检查和测试。因此，我们邀请你加入这个实验，至少对我而言，这个实验已经在进行中了。

实验分为两个阶段，第一阶段始于大约21年前开放空间技术诞生的时期。大家可能认为开放空间技术是我创立的，我认为这有点过誉了,因为我只是无意中接触到了开放空间技术。

对于那些不熟悉开放空间技术的人来说，会认为开放空间技术很简单。邀请一群对复杂议题有着共同关注的人围坐成一圈，确定相关子议题并在公告栏上发布，在集市中安排好讨论的时间和空间，然后就开始运行了。没有事先的培训或“热身活动”，也几乎没有刻意的引导，一切都是开放空间自己在运行。

开放空间技术的简单性与其通常能达到的结果形成了鲜明的对比。一个两千多人的群体，能够在很短的时间内，以相互尊重和富有成效的方式，有效解决那些重要的、冲突的和复杂的问题。从传统会议和组织管理理论与实践的角度来看，这种结果根本不可能发生，但它确实发生了，而且在世界各地成千上万次地不断发生着。在试图理解这一现象的过程中，我发现唯一充分的理论基础就是，这种现象来自自组织系统中各种规则的相互作用。

我想利用开放空间技术的集体经验作为起点，深入讨论自组织、自组织的人类系统，以及我们可以优化绩效水平的方法。归根结底，这是在学习（牢记在心）和实践我们作为“乘浪者”的角色，即自组织世界中的真正的领导者。在这个背景下，21年的开放空间技术发展过程就会变成一个自然实验，当然它也具有所有实验的优点和局限性。

自然实验，顾名思义，就是无计划的。在开放空间技术暂未普及的情况下，它确实是无计划的。此类实验的无计划性，意味着许多（甚至是全部）标准的控制程序是缺位的，从而使人们对结果的可信度产生怀疑，直到迭代的绝对数量足够多，才有可能消除偶然变量带来的影响。目前，开放空间技术已在136个国家运行了超过10万次，取得了可比较的结果。实验仍在继续。

目前我个人对结果的满意程度是这样的：我相信我们正处在从自组织系统中收集有关经验的阶段，然后会继续进入实验的下一阶段。我们将利用来自开放空间技术的这些经验，作为在组织中扩大使用规模的基础——从一些局限于时间或空间的事件，进一步扩展到现实中更关键的领域，那些鲜活、真实的组织实体，无论其规模大小。

本书精彩预览

本书分为两个部分。第一部分——“乘浪”准备详细介绍了本书的基本论点（不存在非自组织系统），并提出了在我们的自组织世界中，对生活和工作有帮助的途径及方法。第二部分——“乘浪者”指南，则把第一部分的理论讨论转化为更实用的方法。如果你偏好实用主义，那么可以颠倒顺序来阅读，这由你自己来决定。

在第一部分中，我们首先考虑的是“乘浪者”以及其他人所追求的终极目标，即在个人和组织层面获得卓越绩效。彼得·维尔在这一领域的开创性工作引发了当代的讨论，他将所有这些统称为“高绩效系统”（HPS）。然而奇怪的是，他却没有给“高绩效系统”下定义。这种忽略是可以理解的，因为我们似乎总是在遇到时才会认出它们。

简单地说，“高绩效系统”与众不同，在任何情况下都会胜过竞争对手。维尔之所以选择不定义，是因为他可以清晰地将其描述出来，他在一篇简短但具有分水岭意义的论文中对其进行了描述，该篇论文的题目是《对高绩效系统的行为描述》[①]（*Towards a Behavioral Description of High Performing Systems*）。

在维尔选择避开的地方，我提出了一个可能的定义，即通过定义高绩效的反面（混乱、困惑和冲突）来定义高绩效。显然，当系统缺乏这些反面因素时，即为高绩效。

① 这篇论文最初是复印的，供朋友和同事传阅。1978年收录于由杜克大学出版的*Leadership: Where Else Can We Go*。维尔最终创造了一个定义，出现在他的论文*purpose*中。——作者注

这个定义的假设前提是，只要我们能够消除这三个反面因素，就能保证系统的高绩效。但不幸的是，似乎这三个因素，尤其是第一个——混乱，对生活都是必不可少的。因此，消除它们不但不能带来高绩效，反而还会导致生活更加混乱。这就给我们留下了一个有趣的问题，即如何定义（理解）高绩效，包括但又超越混乱、困惑和冲突。

我的表述如下：

高绩效包括混乱、困惑和冲突在内，多种复杂力量在其中有效地相互作用。它以和谐、完整、健康为特征。①它是和谐的，包括和谐的所有元素，也包括不和谐，是多元力量在一起共同创造的一个统一的流程。②它是完整的，因为它有一个清晰的焦点、方向和目标。③它是健康的，因为它在处理过程中产生的毒素（生物体中的代谢物）都被有效地消除了，高绩效绝不会以损害自身或周围的环境为代价来维持。高绩效系统是一个在以上所有方面都能做到卓越的系统，而且随着时间的推移，它肯定会比竞争对手做得更好。

将上述定义和彼得·维尔所提出的高绩效系统的行为特征相结合，如果能够证明我们的研究对象无误的话，那么下一个问题就很简单了：我们如何到达目标？如何把我们的系统带到高绩效水平？

对我们许多人来说，答案就来自所谓的“问题 / 解决方案”模式。当人们察觉到绩效水平下降时，就认为这是一个必须找出并修复的问题。这种模式简单而明显的逻辑有很多值得称赞的地方，而事实上也非常有效，至少在短期内如此。

然而，随着时间的推移，困难就出现了，而且通常是意想不到的后果。原来的问题被解决了，但一大堆新的问题又产生了，这些新问题和原来的问题一样糟糕，甚至更糟。

近期，人们发现这种模式的困难之处显然来自一种狭隘的观点，即只专注于某个单一问题并寻找单一的解决方案，完全忽略了更大层面的系统及其周围环境，而这种狭隘无知又会反过来让我们受到教训。

我们需要系统思考。在寻找如何提升绩效的方法时，我们必须考虑整个系统，包括它与周围环境的所有关系。这个奇妙的想法让我们开始理解人类生命系统惊人的复杂性。然而，当我们对高绩效的研究进一步深入时，发现系统的各种形式（如业务流程再造）还有一些需要改进的地方，事实上，这可能也是一种徒劳的改进。

我们越是能精准地识别出系统中的有效元素及其关系，就可以越清楚地认识到，我们所面对的系统的复杂程度是无穷无尽的，重新设计或再造系统的任务是令人生畏的。然而，这一令人生畏的任务也可能会变成一次绝佳的机会，就是我们可以在系统发生改变之前，有足够时间对系统进行一次彻底的分析。

我们可能会注意到，传统的“伟人”领导理论非常自然地契合了“问题/解决方案”的模式，而在系统思考的后续循环中，问题蔓延到整个系统，使解决问题变得更加复杂。“伟人”会定义问题，然后果断地解决问题，这也正是他被视为领导者的原因。然而，在某种程度上，这两种方法（问题/解决方案和系统思考）要么仍在苦苦挣扎，要么已经失败了。“伟人”领导理论也是如此。

对比我们迄今为止所付出的努力和取得的成效，结果是非常令人沮丧的，高绩效系统继续在我们的实践中出现，但很少在我们期望的地方出现，而且绝不会按我们计划的那样出现。一个普普通通的人，在最不可能的情况下，却能做出最不寻常的事情，但我们认为这种反常现象只是法则中一个小小的例外。

根据定义，反常现象是发生在法则之外的事情，甚至可以说是不符合法则的事。所有人都知道这类事情不可能发生，也不应该发生——但它们确实发生了。

经过仔细研究发现，这种反常现象并不违反法则。要么是因为我们的认知不够，还没有认识到法则是如何运行的，要么是这种反常现象完全在法则范围内，只是与我们所习惯的法则不同而已。

后一种情况可能会让人很不舒服，尤其是当我们很大程度上依附于旧法则时。但这种学习的机会是意义深远的，因为我们可能正发现看待我们这个世界的全新方式。按照托马斯·库恩（Thomas Kuhn）的说法，这是范式转换的时刻。

现在，开放空间技术实验仍在持续进行。二十多年来，成千上万的人聚集在一起，共同关心着这些问题，这些问题是如此复杂和具有冲突性，似乎无法解决。实验仍然是在15分钟的介绍之后，小组成员就定义自己的主题，讨论集合的时间和地点，然后就各自开始工作。没有事先设定的议程，只有一个引导者，但从不干预讨论，但在一天（通常是两天）结束时，取得的成果却是实实在在的，而且常常令人难以置信。也许最值得注意的是，这个过程里面没有领导者或伟人存在的迹象，没有任何人负责。

例如，有一个价值2亿美元的建筑的设计工作，从一张白纸开始，到完成建筑图纸结束。实际上，由于计划和环境的重大变化，这次的工作是一次重新设计。由于之前的工作花了10个月的时间，因此根据经验，如果重新设计，还得需要10个月才能完成此项工作，但是小组在2天内就完成了。粗略估计，生产效率提高了150倍，负责人将这一结果称为“魔法”。

事实上，不存在什么魔法，这只是开放空间技术的一次重要应用，这绝对是反常中的反常。这些人取得的巨大成果，也意味着对“可靠性”的严峻挑战，参与者们也觉得难以置信，他们是如何取得这些成果的？事实上，这似乎违反了团队管理的所有原则和程序，甚至可能也违反了管理实践，因为规则不同！

如果这本书仅仅是关于开放空间技术的，那么故事到这里可能就结束了，但其实故事才刚刚开始。

在后续的探索中，开放空间技术会直接把我们带入新兴的混沌与复杂性科学，尤其是进入自组织系统的世界，其中尤其令人感兴趣的是来自美国圣塔菲研究所（The Santa Fe Institute）的生物学家斯图亚特·考夫曼（Stuart Kauffman）的研究。他提出，只要给定一些非常简单的前提条件，秩序就会出现。考夫曼的前提条件与我所描述的使用开放空间技术的必要条件几乎是百分之百相关的，因此可以很自然地得出结论，即隐藏在开放空间技术背后的力量，正是自组织的原始力量。

展望未来，逻辑很清晰。如果高绩效系统与开放空间技术有着共同的结果，而开放空间技术本身又是自组织力量的体现，那么就去掉开放空间技术吧。换句话说，只要我们能够启动并维持自组织的力量，那么它就应该能够实现高绩效，我们可以称之为“自组织系统的培育和滋养”（The Care and Feeding of Self-organizing Systems）。

这里我们得出了所有“乘浪者”的核心认知，即我们不仅生活在一个自组织的世界里，而且我们的工作甚至是机会，都是利用这种自组织的力量来实现目标的，因此，乘自组织之浪是一种有意识的行为。

在组织第二部分（第 9 章及以后）的资料时，我一直记得我一位年轻朋友史蒂夫的关注点。他在读完这本书的手稿后说，虽然他喜欢所有关于自组织系统的东西，但他还有生意要做，有账单要付，还有产品要推出。他完全不相信可以通过自组织能完成其中任何一个或者全部任务。我想他是在说，总得有人负责吧。

我应该祝他好运，但并没有太多鼓励。毕竟，如果我的前提是正确的（不存在非自组织系统），那么史蒂夫以及世界上其他的“史蒂夫”真的没有任何选择，因为一切都是自组织的，所以使用“负责”这个概念，比如说“经营”他的生意，就不太合适了。

尽管如此，我还是接受他的观点。事实上，史蒂夫可以采取多个具体步骤，能够（但绝不是保证）让账单得到支付，产品可以出厂。我已经概述了这些步骤，还有很多来自我自己以及同事们经验的例子。

本书以两个故事结尾。一个是虚构的故事，描述了一个“乘浪者”一天的生活。还有一个是真正的“乘浪者”的故事，讲的是 VISA 国际组织的迪伊 · 霍克。前一个故事是虚构出来的，完全从读者的角度来描述，其中所有报道的事件和策略实际上都是我自己、朋友和同事们亲身经历的，但迪伊 · 霍克和 VISA 的故事绝对不是虚构的。

PREPARATION FOR WAVE RIDING

第一部分

“乘浪”准备

与所有的任务一样，“乘浪”也需要准备。需要确定我们正在寻找什么（在本书中是指高绩效），我们将在其中运作的环境，以及在此过程中遇到的一些基本机制和障碍，这是至关重要的。此外，在寻找高绩效的过程中，我们还要考虑以往所做努力的局限性和不足，这将有助于理解“乘浪者”的独特位置以及他们所乘的“波浪”是什么。

第 1 章

终极目标：卓越绩效

1975年，我的朋友兼同事彼得·维尔写了一篇简短的论文，最终产生了深远的影响。这篇论文有一个听起来很学术的标题《对高绩效系统的行为描述》（*Towards a Behavioral Description of High Performing Systems*），然而，彼得很快承认，这篇论文在学术上还是比较肤浅的，因为他发现自己无法说出“高绩效系统是什么”，还谈不上学术上的精确性。

事实上，他表达出来的这些想法不是来自仔细的研究，而是来自直觉，大部分想法都是在某一刻突然迸发出来的。客观地讲，维尔很仔细地把他提出的每一个行为特征都定义为假设，表明还有待进一步验证，但他对如何进行此类研究只字不提，也没有表示出任何兴趣。

在彼得·维尔的之前和之后，确实有很多人写过关于高绩效系统的文章，但在我看来，他的论文是一个分水岭。我们中那些碰巧看到他文章的人发现，我们对组织、组织的运作方式，以及我们应该如何与组织合作的看法，都被改变了，至少对我来说是这样的，我花了几年的时间才完全理解。显然其他一些看到论文的人更快地得出了结论，尤其是彼得斯（Peters）和沃特曼（Waterman），彼得·维尔的直觉成为他们进一步努力的基石，他们写了非常受欢迎的《追求卓越》（*In Search of Excellence*）[①]这本书。

被彼得斯和沃特曼所引用的许多“卓越”组织，现在都已经倒闭了，但这并没有减弱这本书的强大影响力。事实上，可以说在接下来的几年里，组织和管理者都在寻找一个最难以捉摸的目标——卓越，我们又回到了彼得·维尔的高绩效系统。

简而言之，从那以后，我们一直在追求卓越和高绩效，但不知为什么，我们从未真正实现。或者更准确地说，我们从未完全按照计划实现。卓越和高绩效不断出现，但是很少在我们期待的时候出现，甚至很少在我们计划好的时候出现。在开始我们的故事之前，让我们先从彼得·维尔的“高绩效系统的行为特征”说起。

彼得·维尔的高绩效系统的行为特征

在 1977 年修订的早期论文中，维尔指出了 52 个特征。不

---

① Peters.T.J&R.H.Waterman. *In Search of Excellence: Lessons from America's Best-Run Companies*. HarperCollins, 1982.

同于大多数学术论文，他坦率地承认自己有某些偏好。用他自己的话说，“有些假设我喜欢，有些假设我不太感兴趣”。维尔喜欢的那些假设大都是适用于各种系统的，其余的则专注于企业领域，尤其是机械等制造业。跟随维尔的脚步，我也把重点放在了我喜欢的部分。下面是引用维尔文章中的内容，每个分项后面的编号都是其原始编号。

- **不要遵循规则手册**。“可能有一个公开的、客观的理论或《规则手册》，告诉你高绩效系统是怎么做的，但这一公开的配方和高绩效系统实际正在做的事情之间总是存在差异的。这或许可以被称为‘道格·桑德斯后挥杆（Doug Sanders Backswing）’假说，以提醒高尔夫球运动员遵循正统姿势并非会获得绝对的优势。”（#7）
- **成员们无法解释**。“当谈到高绩效系统是如何运作以及为什么这样运作的时候，从成员到局外人往往都是陈词滥调的泛泛之谈，或者只是展示而不是说明。他们经常会说，‘我没办法向你解释’。”（#10）
- **成员们的“巅峰体验”**。“成员在参与高绩效系统时会报告他们的‘巅峰体验’。他们会表现出热情和兴奋，传达出喜悦和欢欣。”（#12）
- **绩效突破出现在计划外**。“绩效突破出现在计划外。第12号假设（即成员们的“巅峰体验”）在这些情况下会尤其

明显。成员们会用一些相对非操作性的习惯用语来解释这件事，比如‘我们终于把一切都搞定了’。”（＃13）

- **外部控制被视为不相关的——永远不要看时间表**。“成员们认为，对高绩效系统活动的外部控制，最好的结果是对系统绩效没有任何影响，最差的结果则是对系统绩效产生了阻碍。规避规则往往是公开的，成员们也不觉得愧疚。”（＃17）“成员们会根据系统内在的标准——系统当前的运行阶段以及成员们自身的需求和期望来安排作息时间。通常外部制定的作息时间表被认为是不合适的。”（＃20）
- **系统总是开着的——即使你看不见它**。“系统没有一个明确的‘开/关’符号。当外部观察员觉得系统似乎是关闭的时候，成员们可能认为它是开启的。当系统看起来是开启的时候，成员们可能认为它是关闭的。系统从一种状态到另一种状态，通常从外部是很难察觉到的。”（＃19）
- **邻近的组织不一定对高绩效系统的输出感到满意**。“高绩效系统产出的社会价值是有争议的。高绩效系统环境中的主体不会自动对其产出感到满意。”（＃24）
- **成员们可能被视为寻求刺激者、怪人或神秘主义者**。“在某种程度上，成员们会发现参与高绩效系统是令人兴奋的，他们可能会成为‘寻求刺激者’。高绩效系统的活动可能会提供给参与者各种各样的感官、情感和认知的体验，随着时间的推移，成员可能会变得有动力去重新获得这种体验。在大多数情况下，这种动机对外部观察者来说，可能是相对难以理解的。他们会把如此积极的成员视为怪人或‘神秘主义者’，未经训练的观察员可能会对这类成员的成熟度甚至道德做出负面的评价。”（#34）

- **高绩效系统的最佳状态**。“高绩效系统的运行有一定的节奏，既能让成员们主观感受到，也能让外部观察员们客观地感受到，这种节奏就像国际象棋中的‘步法’一样，一步一步环环相扣。当系统达到最佳状态的节奏时，与之前相比，将会用更少的努力产生相同或更好的效果。”（#39）

在回顾维尔的高绩效系统的行为特征时，你很快就会发现，他所描述的组织绝对不是“标准组织”，例如其“成员可能被视为寻求刺激者、怪人或神秘主义者”，而其他特征也是一样的，成员们不遵守规则的事实，足以让任何训练有素的管理者分散精力。

在一定程度上，维尔提出的行为特征准确地反映了高绩效系统的通常行为和状态，即让成员做他们最擅长的事情。尽管卓越和高绩效在理论上受到重视，但是真的达到这种高绩效状态的人的行为，却又不为社会所接受。毫无疑问，我们对卓越和高绩效的追求仍在继续。

第 2 章

如何定义高绩效系统

彼得·维尔拒绝给高绩效系统下定义似乎是合理的，因为我们通常只有在遇到它（高绩效系统）之后，才能真正了解它。高绩效系统不只是比竞争对手做得好，而是通常做得好很多。尽管维尔在定义高绩效系统上犹豫不决，但是我觉得还是有必要在定义上做些努力。我并不是对所涉及的风险懵然不知，但是仍然选择了从定义开始，即使我知道不一定可行。

从缺乏反面因素来定义高绩效

人们很容易从缺乏反面因素来定义高绩效系统，例如混乱、困惑和冲突。如果我们的系统能够摆脱这三个因素，那么也许有秩序、清晰的思维及和谐就会占据主导地位。在这种情况下，高绩效似乎是不可避免的，或者至少是在我们的掌握之中。

然而，这种方法也存在一些问题，因为这三个因素（混乱、困惑和冲突）似乎对生活也是至关重要的，因此消除它们将会对我们的生活造成实质性的损害，更不用说高绩效了。然而对于那些珍惜和谐生活的人来说，这种说法近乎荒唐，让我们看看下面的解释吧。

混乱

混乱是秩序的毒药，尤其是对已经建立的秩序，因为这意味着原来秩序的瓦解。它总是让人感到痛苦和不舒服，但如果我们想要体验新奇，那么新事物的出现就需要空间。事实上，科学家告诉我们，混乱不仅是生命的一部分，而且也是生命所必不可少的——没有混乱，就没有生命。而传统智慧却认为，只有平静的生活才是有意义的。正如我的一位生物学家朋友指出的那样，当你在生物学上达到均衡时，那你就死亡了。实际上，在我们整个的生命历程中，只有在死亡的那一刻，才真的达到了均衡。在那之前，我们都处于某种不均衡的状态，这就是生活。

困惑

在思维领域，“困惑”这个词等同于混乱，和混乱一样，它也会带来馈赠，尽管是痛苦的馈赠。困惑的作用在于把那些已经下定决心的人搅乱，从而可能会产生新的想法。当困惑发生时，我们总是感到不安，但是只要坚持自己的既定观点，我们就不太可能以新的、不同的、更好的方式来看待这个世界。

困惑通常是以感知异常开始的，事情没有按照我们所认为的方式运行，则我们必须做出选择，或许是我们的视力受损看错了？或许是我们需要换一副眼镜了？这一切都很令人困惑。但是如果有一天，我们对所感知到的异常不再觉得困惑了，那么我们可能已经到了新知识的前沿。或许困惑是智慧的开始吧。

冲突

冲突至少是令人恼火的，最坏的情况会危及生命，但它确实也有用处。在思想的世界里，冲突提供了必要的条件，把粗糙的想法打磨成真知灼见。冲突也会把坏主意扔进垃圾堆。当然冲突也有其毁灭性，在想法根深蒂固的情况下，冲突会带来不小的痛苦。但对于我们个人和组织来说，尤其是如果我们想要达到最佳绩效水平的话，付出这些代价无疑是值得的。在我看来，一个没有冲突的理想组织就像一条不会打猎的狗。事实上，如果你给我看一个没有冲突的组织，我会告诉你，这个组织已经死了。

我认为，如果把高绩效系统理解成一个以某种方式消灭了混乱、困惑和冲突的系统，这只是一种妄想和空谈，因为那样会缺乏使生命和高绩效系统成为可能的重要因素。

不能否认，混乱、困惑、冲突这三个因素的存在是痛苦的和具有破坏性的,但这种破坏行为对系统的功能是至关重要的，随之而产生的痛苦则是这一过程的不幸结果。所有这些都把我们带到了第四个因素——结束，它通常被认为是与各种水平的高绩效相对立的，甚至可能是死亡。

结束和死亡

当混乱、困惑和冲突起作用时，事情来了之后又走了，随之就结束了，也可以说是死亡了。显然，作为人类，我们对这种安排不是特别满意。然而，从目前的情况来看，这是一个事实——凡事有开始必有结束，有生必有死。

无论我们的情感和希望如何，死亡和结束在我们的世界都是不可避免的，它们在我们追求高绩效的过程中也都做出了积极的贡献。在某种程度上，如果我们否认了它们应有的地位，那么也会抑制我们达到更高绩效水平的能力。

这听起来好像有点违背直觉，但试想一下，当我们固执地维持事情的现状时，我们也就排除了重大改进的可能性。当前的思想、实践和生活模式也许是熟悉而宝贵的，但继续拥抱它们却阻碍了未来进化之路。

理解高绩效

混乱、困惑、冲突，再加上结束和死亡，都不是高绩效的敌人，因为它们都对人类事业的提升做出了实质性的贡献，尽管过程是痛苦的。我们可能会有不同的愿望，但并不能改变这个事实，它们就在这里，无论我们怎么理解和定义高绩效，都必须包括并超越这五个麻烦的问题。

高绩效的定义

那么我们应该如何理解并定义一个高绩效系统呢？我提出以下几点：

高绩效是各种复杂力量的有效相互作用，包括混乱、困惑和冲突，并以完整、健康及和谐为特征。首先它是和谐的，包括和谐中的所有元素，无论是协调的还是不协调的，它是多元力量共同创造的一个统一流程。其次它是完整的，因为它有一个明确的焦点、方向和目的。最后它又是健康的，因为它在处理过程中产生的毒素（生物体中的代谢物）都被有效地消除了，高绩效绝不能以损害自身或周围的环境为代价来维持。

高绩效系统是一个在以上所有方面都能做到卓越的系统，而且随着时间的推移，它肯定会比竞争对手做得更好。

要理解上述观点需要一些时间，或者更确切地说，需要看完这本书余下的内容。在此期间，当谈到一些相对枯燥的学术定义时，我通常会提供一幅图像。例如，它就像一条河流，是在所有季节和地方流淌的整条河，不是指任何一条具体的河，而是一条从源头流向浩瀚大海的河，不受任何障碍和边界（水坝和堤岸）的限制。

人类似乎更喜欢被驯服的河流，但这样的河流永远不能充分发挥它们的作用，而高绩效也不是它们的特征之一。在平静的间歇之外，还有危险的水流、狂野的急流、落差造成的瀑布和巨大的洪水。她经历温暖的日子，也有寒冷的日子。整条河流，在它的整个长度，在它所有的日子里，都在发挥着作用，重塑地表形态，使地球变得更肥沃。这就是我对高绩效的理解。

大约2500年前，中国的军事家孙武似乎也有类似的理解。他在《孙子兵法》中写道："兵无常势，水无常形。能因敌变化而取胜者，谓之神。"[①] 当然，这位军事家是在写关于军队和战争的策略，他很清楚地理解流动的力量，所以，我对高绩效的理解并不是一个全新的想法。

在彼得·维尔的行为特征、孙武的水无常形，以及我对高绩效的定义之间，也许我们现在知道在寻找什么了，但问题仍然存在：我们如何实现目标？

---

① Sun Tzu, *The Art of War* . Running Press, p. 61.

第3章

从此岸到彼岸

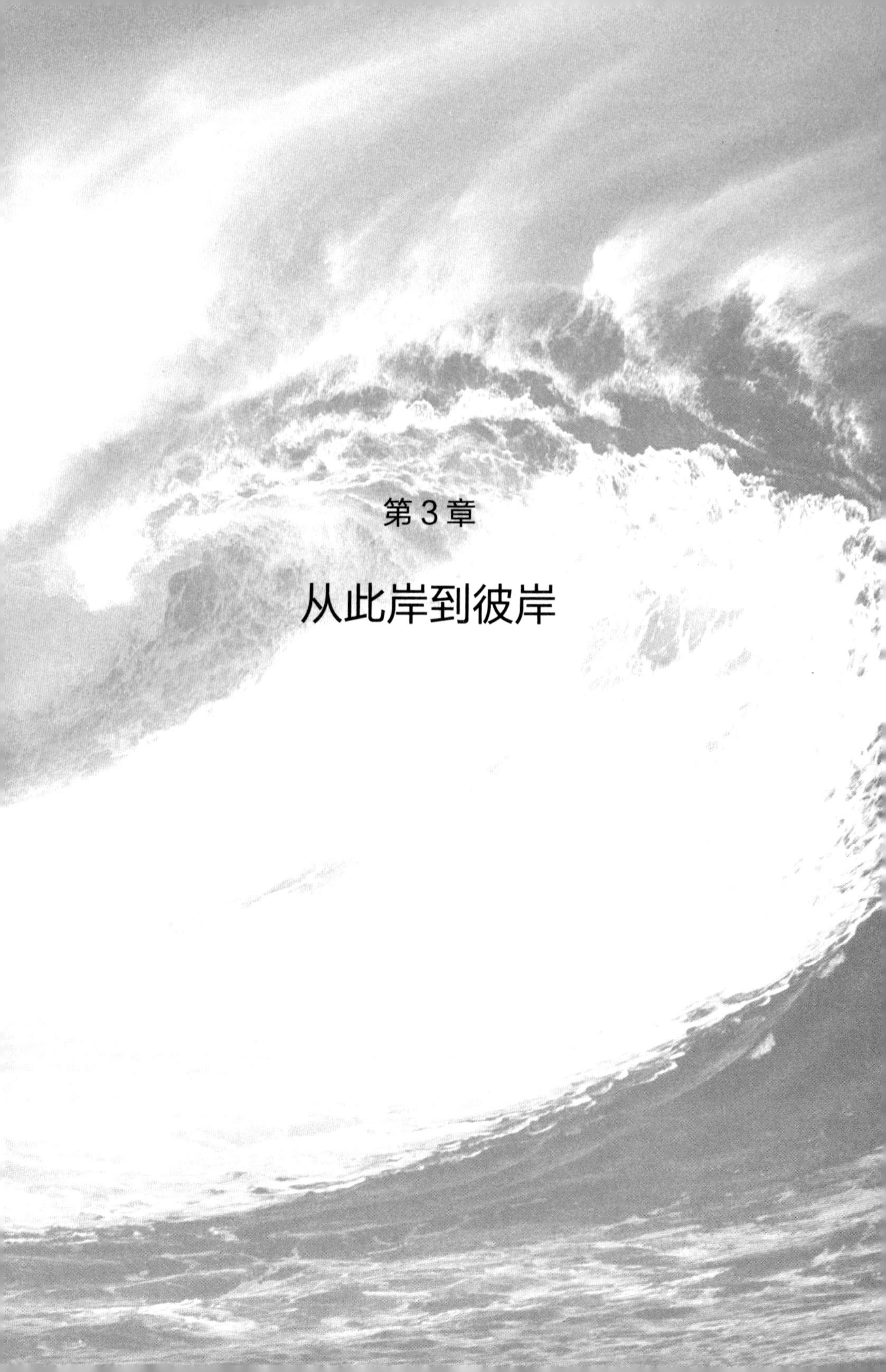

如果高绩效是我们追求的目标，那么我们如何实现这个目标？简单的答案可能是：定义问题并解决它。

这种简单的方法似乎是合乎逻辑的，从这个逻辑基础出发，一个实现高绩效的合理方法肯定会出现。举例来说，如果一家公司的销售额正在下降，那么它首先会从相关因素开始考虑，比如市场的总体状况、竞争对手的地位，最终将关注点集中在公司自身的销售机制上。

如果发现市场需求强劲，竞争产品也没有特别的优势，那么问题显然出在内部。尽管我们的销售经理看上去很愉快，也很敬业，尽管销售人员也总是精力充沛，但还是需要一个解决方案。

解决方案可以从简单的升级销售培训开始，但如果这么做不能产生立竿见影的积极效果，那么变革的手术刀必须割得更深。是不是我们友好的销售经理已经过了巅峰期？销售团队中那些热情、精力充沛的成员，会不会只是逢场作戏的马屁精，正在表演旧时代的剧本呢？如果是这样，解决方案很明确：进行切除性手术，置换器官。

在一个晴朗而平常的日子里，公司的组织结构被撕裂了，到处都是解雇通知单。旧的秩序被打破，一个新的销售部门在灰烬中重生。新的销售人员被寄予厚望，但结果不一定完全像期待的那样。

事实证明，老销售经理实际上是公司的灵魂，是公司历史和传统的宝库，也是新来者在需要帮助和困惑时求助的人。不是因为她拥有最新的技术才能，而是因为她有一颗热情的心。现在这一切都不复存在了。不过，销售情况改善了，组织也似乎变得更好了（就目前而言），但感觉却更糟了。

当然，这只是一个故事，而且是编出来的，已经以不同的版本讲过很多次了。问题暴露出来后也开始得到解决。对于已经找到的问题，不可否认，解决方案在一段时间内是有效的，但是却出现了意想不到的结果。我们可能会注意到，通常与这种高绩效方法相关的领导风格是清晰、果断、命令和控制。必要时"砍掉他们的头"，这当然是夸张的描述，但是有一个人物却经常出现在许多管理传奇中——领导者。

意想不到的后果

大自然母亲已经通过"意想不到的后果"给了我们一些痛

苦的教训。想一下洪水的问题。每个人都知道，洪水在各方面的表现都是具有破坏性的，显然这代表一个主要问题。幸运的是，解决方案也显而易见：建造水坝和堤岸来控制洪水，问题就解决了。

客观地说，在某些情况下，我们的解决方案似乎有效——但绝对不是所有情况！当情况变得极端时，我们不再有阻止洪水漫溢和更新洪泛区的机会，就会遇到灾难，就像卡特里娜飓风或约翰斯敦大洪水那样。解决方案变成了问题，而且更糟的是，还产生了一大堆新问题。这些都是意想不到的后果。

这种古老而备受推崇的“问题/解决方案”的模式，短期来看，对于解决生活中的困扰可能是有效的，其负责实施的领导者似乎也是高效的。然而，这种有效性被严格限制在变量少、已知和可控的情况下，当这种模式被推广到生活的方方面面，超出我们能够观察和控制的范围时，困难就出现了，而且这些困难基本上也都是相似的。

如今流行寻求更复杂的方法来解决问题，我相信这是一种进步，但我认为值得注意的是定义并解决问题的频率。不可避免的是，这种模式会让我们陷入意想不到的“混乱丛林”中。如果我们停下来思考一下会发现，表面看起来简单的模式背后可能隐藏着一个复杂的“怪物”。

封闭系统骗局

我相信，这种简单的“问题/解决方案”的模式有它的起源，我称之为“封闭系统骗局”。封闭系统的概念是在科学界发展起来的，人们试图从“变量”中挑出“重要的”，这一切都是为了追求基础知识。

因此，在科学实验中，最重要的是要知道，我们所观察到的结果是所研究的某个/某些变量的结果，而不是来自某些不受控制的变量。为了提高成功的概率，人们投入巨大精力在“封闭系统”中，从而防止出现不受控制的变量。如果有人正在研究原子反应，那么他就会建造铅和混凝土墙来屏蔽实验所在的空间范围。

但即使尽了最大的努力，人们也会意识到，系统从来都不是完全封闭的。人们只是希望把不受控制的变量所造成的干扰，控制在显著水平以下，如果达不到的话，就会增加更多的铅和混凝土墙来屏蔽空间，但无论如何，系统从来没有真正封闭过。事实上，“封闭系统”的想法纯粹是一种科学幻想，在某些实验环境下是有用的，但决不能与现实相混淆。

在这一过程中，当管理试图披上科学的外衣，成为管理科学时，封闭系统的概念也随之而来，人们热情地欢迎这一概念。在那些管理企业的人看来，如果他们能够有效地封闭系统，那么他们就能摆脱偶然性和不确定性带来的困扰，从而使效率、效果、盈利能力达到非凡的水平——更不用说高绩效了。

必须承认，封闭系统作为理想的组织能很好地为我们服务，西方的工业实力和成就就是明显的证据。如果没有其他因素影响，封闭系统似乎是有效的。在这个世界的某些地方，动荡和变化在某种程度上被限制在最低水平，所以封闭系统会继续发挥作用。然而，这些平静的地方已经变得非常稀少了，而且通常是在生命的边缘地区才能找到。

如果我们相信那些把混沌和复杂性作为研究领域的科学家所得出的众多结论，那么我们所生活的世界绝对不是一个安宁的地方，肯定存在着大量的相互联系的事物且动荡不安。在这样的世界，是绝对不会允许一个能够完全控制变量的封闭空间存在的。

在我们的生活中，几乎没有什么事情是确定的，但有一件事情似乎非常确定，那就是根本不存在封闭系统。无论我们多么努力地尝试，永远也不会存在。

从一开始，封闭系统的概念就是一种科学上的自负，在某些实验环境下是有用的，但决不能与现实相混淆。如果这种认知混淆了，就会以伪科学而告终。如果这种认知混淆渗透到整个生活中，特别是组织中，我们会发现自己的处境非常不稳定。虽然掌控一切的感觉很好，但实际上我们都是封闭系统骗局的受害者。

全系统方法

随着“定义并解决问题”的局限性变得越来越明显，那些聪明的人断定，问题主要出在我们视野的狭窄上。由于我们将注意力限制在单一问题和单一解决方案上，所以我们忽略了这样一个事实，就是我们的组织是由大量相互关联的因素组成的。更进一步说，改变其中任何一个因素都会悄然改变其他因素，因此，必须将我们的视野扩大到整个系统。在彼得·圣吉（Peter Senge）[①] 和其他许多人的引领下，我们尽最大努力将其归纳为了现在众所周知的“系统思考”。

这个想法很美好，令人难以抗拒。当我们接到优化系统（组织）的任务，以追求真正的高绩效时，除了识别和理解任何个体之间和整体之间复杂的相互关系之外，我们还必须考虑其他部分。

结果我们发现，从某种抽象意义上来说，我们组织的组成部分（销售、营销、财务，以及它们所有的子集）不能简单地说是好的或坏的、有效的或无效的，因为它总是处在一个由其他相关因素所决定的环境中。比如，某个公司中一个出色的销售部门，不能简单地认为它到另外一家公司中也会继续表现出色，这要视情况而定。

就某种程度来说，“全系统方法”（The Whole Systems

① Senge Peter. *The Fifth Discipline* . Doubleday Currency, 1990.

Approach）只是老的“问题/解决方案”模式的扩大版。现在有一个巨大的问题（整个系统），任何解决方案无疑都是非常详细和复杂的，但通向未来的道路似乎已经足够清晰了，在做任何尝试“解决问题”之前，我们必须完整地描述和理解这个系统（其中的因素和相互关系）。而且这种“解决问题”必须是一个要考虑到无限的因素及其关联的完美方案。

第一步：绘制系统地图。绘制这个系统地图需要付出巨大的努力，会产出密集的关于各种因素及其关联的示意图，以及奇妙的反馈。作为一项学术研究活动，系统地图对组织是非常有价值的，因为我们已经对组织及其运作状态的性质和复杂性有了充分的了解。然而，当到第二步，也就是从诊断到治疗这一步的时候，迄今为止还没有获得什么显著的结果。

流程再造

系统思考在促进高绩效上的一个主要应用是业务流程再造（Business Process Re-Engineering，BPR）[①]，这是由迈克尔·哈默（Michael Hammer）和詹姆斯·钱皮（James Champy）在20世纪90年代提出来的。流程再造提出，要先绘制出组织的整个流程，然后再仔细地重新设计其流程，以创造最佳效率。

毫无疑问，这种近距离地审视当前的商业活动是有价值的，

---

① Hammer Michael & Champy James. *Re-Engineering the Corporation*. Harper Business, 2003.

但当真正执行时，取得的成果往往与付出的努力不匹配，这还是因为我们的老朋友——封闭系统骗局。人们默认的一个假设是，当进行冗长的、精细的流程分析和设计时，所研究的系统在某种程度上是与外界隔离的，是在某个给定的时间点所进行的分析和设计，但是，随着时间的推移，这个假设很快就失效了。

举个例子，在20世纪90年代，我有机会与美国西部电信公司（US West）合作。几年来，他们一直致力于大规模的业务流程再造。我认识他们时，他们正处于启动业务流程再造的关键时刻。然而，事情并没有如预想的那样发展，事实上，似乎灾难迫在眉睫。在参观完他们在科罗拉多州丹佛市的中央控制室后，状况就已经十分清楚了。

该控制室的功能是对整个系统进行监控和管理。像许多其他控制室一样，系统状态由一系列颜色代码表示：绿色——正常，黄色——警告，红色——危险。

在我参观的时候，周围的灯光都是红色的！这种危险状况反映出一些令人痛苦的事实：当时安装一条电话线需要6 ~ 9个月，即使是所谓的紧急线路也至少需要一个月。一位工程师告诉我，如果再多增加一条电话线的话，整个系统就会崩溃。不知为何，流程再造后的业务运行得并不是太好。

我所得到的关于这种危险状况的解释是与加州的地震有关。在20世纪90年代中期，圣安德烈亚斯断层大规模滑动，造成了从旧金山到洛杉矶地震频发的灾难性后果。也许大多数加州人对这种混乱不以为意，或者无力做出任何选择，但有相当一部分人不喜欢房子不停地晃动，于是决定搬走。

这些人都比较有财力，他们的目的地离加州不远，因此，毗邻的亚利桑那州、新墨西哥州、内华达州、俄勒冈州和华盛顿州成为他们的首选，而这些州恰好也是美国西部电信公司的服务区域。

一到目的地，他们就想要安装电话——大量的电话，一条主线路、一条儿童线路、一条计算机线路、一条传真线路，还有备用线路，而他们有足够的财力来满足这些愿望。但不幸的是，美国西部电信公司没有额外的能力来满足这些需求，这不是计划的一部分，因此灾难迫在眉睫。很明显，世界又一次发生了改变，再次证明这个系统根本就不是封闭的。

美国西部电信公司可能是一个极端的例子，虽然“全系统方法”值得称赞，但我们是否真的有能力把系统地图绘制出来，足够详细地描画出更精细的结构及其内部工作机制，这仍是一个悬而未决的问题。

那么，我们是否可以把系统规模缩小到一个我们能够控制并且相对封闭的程度，以此来提高我们成功的概率呢？这样做只会让我们在面对一个不断变化的世界时变得更加脆弱。

这个世界有一个坏习惯，就是常常让我们做好的计划落空。如果混沌复杂性的研究人员是正确的，那么系统内部或邻近环境即使发生微小的变化，也会对系统产生巨大的影响，即“蝴蝶效应”，组织的成功之路变得更加漫长。显然，“全系统方法”这个概念是了不起的，只是在执行中还有缺陷，这里有一个非常棘手的问题——我们真的考虑过整个系统吗？

我们真的考虑过整个系统吗

肯·威尔伯（Ken Wilber），美国心理学家、哲学家，还被一些人称为神秘主义者。威尔伯倾向于做出一些令人信服的、简单而深刻的观察，他最著名的一句话就是，“每个内在都有其外在，反之亦然（Every inside has an outside and vice versa）”。这是个很明显的道理，但我们经常忘记它，这对我们很不利。

在谈到作为个体和系统的人类时，威尔伯提醒我们，除了我们可以看到、摸到、尝到或闻到的外部属性外，还有很多内在的东西。

一个人可能身高 5 英尺 2 英寸（约 1.57 米），拥有蓝色的眼睛，任何颜色的皮肤。然而，这些信息并没有告诉我们，他们的感受是什么，他们是如何看待这个世界的，他们是如何看待自己的，或者他们的希望或愿望是什么，这与组织的情况类似。我们可以看到工厂和设施，能够计算生产的产品和员工工资，但当涉及组织的传奇、仪式、文化和共享的价值观或精神时，我们仍蒙在鼓里。

基于简单观察，威尔伯提出，当思考一个系统及其组成个体时，我们应该使用“四象限模型”[①]（见图3-1），指引我们关注表面之外的一切。诚然，遵循四象限模型会大大增加系统思考的难度，因为系统的性质和范围已经从根本上扩大了，但我觉得威尔伯的逻辑是无可挑剔的。

举个例子，如果我们看到100个人在一家兵工厂努力工作，我们当然可以测量出车间的面积，确定可用的机器，数一数子弹下线的数量，计算一下潜在的利润，从而对系统的性质和有效性做出一些判断。

然而，除非我们对其内部发生的事情有一些合理的了解——他们对自己的工作感觉如何，他们的意识形态、文化、特殊故事或传奇是怎样的，否则我们在很大程度上对这个“系统”的真实本质还是一无所知。

情感、文化、传奇和意识形态难以量化，这一事实构成了我们系统分析的一个真正问题，但丝毫没有降低它们对系统功能的重要性。

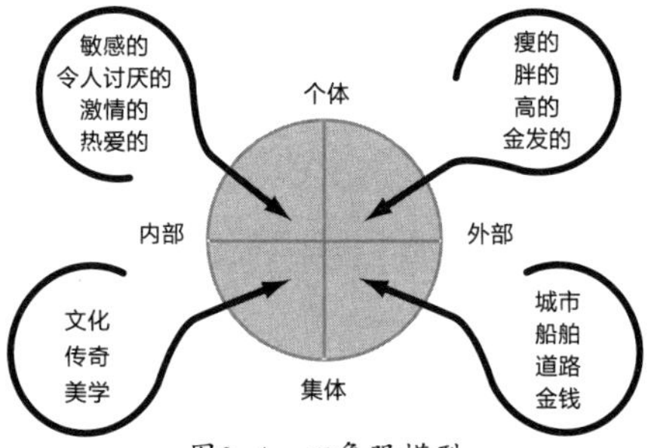

图3-1　四象限模型

① Wilber Ken. *A Theory of Everything*. Shambala Publications, 2000.

显然，我们很好地处理了那些难以计数的事实，然而，当涉及那些可能被称为“多愁善感”的问题时，我们的表现水平还有待提高。如果我们认真地对待系统思考和工作，那么我们就必须把整个系统考虑进去，否则情况会变得更糟。

每个系统都有其背景

除非我们继续受制于所谓的“封闭系统骗局”，否则我们将不得不面对这样一个事实：无论我们做什么，没有一个系统是封闭的。每个系统，无论大小、设计或目的是什么，都有同一个背景，这就是我们所有人生活的地球。

系统存在边界是令人欣慰的，但事实上，我们所认为的这些边界在很大程度上也是主观的,边界之间也总是相互渗透的。事实上，系统和它的背景、环境之间的相互交换已经超出了我们的认知能力，我们根本注意不到任何改变。

这些都不是什么新闻。我们每天在吃早餐的时候，通过阅读晨报就了解到了全世界发生的大事，这就是世界与人之间不可思议的渗透性，每个因素迟早都会与其他因素发生联系。但是，当谈到真正重要的事情——在追求高绩效的过程中如何理解我们的系统并提升效率时，在早餐桌旁的基本常识似乎被抛到了一边。

最后的救命稻草

任何一个人类系统与周围环境之间都存在着复杂的相互关系，其细节多到令人难以置信。然而至少可以想象，只要有足够多的时间，我们就可能追踪到它们，就有可能绘制出一幅完整的系统地图，进而对其进行重新设计。

现在我们至少知道该从哪里开始了，但是还有一个美中不足的地方。一切事物不仅是联系在一起的，而且都处于运动中，每次运动，它们相互之间的关系和影响也可能会发生改变。更糟糕的是，这种运动是随机的。

最近，运动的速度正在以量子速率增加，那些曾经被视为坚如磐石的事物如今却被视为一场不可预测的风暴。不管什么原因，我们正在经历所谓的"快速复杂性"（Raplexity）——一个由"快速"和"复杂性"两个词拼搭出来的新词。我们可能会解决其中一个或另一个问题，但是当两者叠加在一起时，就会产生无穷无尽的麻烦。大家有兴趣的话可以阅读阿尔文·托夫勒（Alvin Toffler）带给我们的《未来的冲击》（*Future Shock*）[①]。

我们需要帮助

人们可能会认为，我对系统论方法不屑一顾，特别是对系

① Toffler, Alvin. *Future Shock*.Random House, 1970.

统思考的方法，其实不是这样的。我们对系统的复杂性和运作模式的新认识是一个重大的进步。那些致力于这一冒险的人，应该因为他们的技能、毅力和坚持不懈而受到赞扬。然而，在某种程度上，我们期待这些巨大的努力能设计出并维持有效的高绩效系统，但我认为到目前为止，其结果并不令人振奋。如果说有什么结果的话,那就是我们对此类预期解决方案的寻找，恰恰证明了寻找本身是徒劳的。

简而言之，如果按现在的模式走下去，我们是不可能到达目的地的。如果我们要承担此类任务（设计出并维持有效的高绩效系统），就需要对各种技能都有更清晰的了解。我半开玩笑地提供了以下职位描述，描述的是那些将在可持续基础上创建真正高绩效系统的人，他们通常被称为“领导者”。

职位描述：领导者

很容易地处理大量的多样性

理解令人费解的复杂性

在多层次上同时工作，超越混乱、困惑和冲突，容忍变化的浪潮，从不失去冷静，总是胸有成竹，并混合以上所有元素，形成整体、健康、和谐的组织。

在某种程度上，这个职位描述准确地反映了当前面临的任务，这是来自地狱的职位描述。在目前现有的能力和资源条件下，任何尝试获得预期高绩效的行为都是徒劳的。当然，如果有可能将任务缩减到我们能控制的规模，那么我们还可能获得一些牵引力，而这正是封闭系统骗局声称要做的事。

我们正在处理的事情是如此重要、复杂和多变，以至于光是想想就会造成严重的超负荷。当然，如果你连想都不敢想，做一些有意义的事情也就变得几乎不可能。

显然，许多人都已经尝试过了，事实上，在更深层次的理解系统机制和重要性方面，他们的努力已经取得了实质性的进展。但是，当把涉及的所有因素放在一起，设计、创建并维持一个真正高绩效的系统时，我可以肯定地说，我们还需要一些真正的帮助。

第 4 章

反常现象

我们在寻求高绩效系统的过程中，发现它们无处不在，而且是出现在那些显而易见的地方。只是，它们很少出现在我们期望的地方，也不会在我们希望它们出现的时候出现，更不会在我们计划它们到来的时候出现。通常我们发现的高绩效系统，都是以某种奇怪的反常现象出现在企业结构中。

真实的故事有很多。我个人最喜欢的是便利贴（Post-its）的故事。便利贴是3M公司的一种产品。如果你听到过这个故事的企业版本，可能会得出这样的结论：这些小小的便利贴是在得到人们广泛支持的创新氛围下，通过公司的共同努力才发明出来的。但是如果你听一听当初在场的人讲这个故事，情况就有点不同了。

这个故事始于一个奇怪的错误。当时3M公司的一位从事黏合剂研究的化学家发明了一种永久黏性的胶水，但人们并不喜欢它的性能。接下来发生的事我可能有一点不确定，但有次那位化学家或者是他的朋友在唱诗班唱歌，发现唱诗班经常会用小纸条给所有要唱的赞美诗做页码标记，但是纸条经常会从书上掉下来，而且似乎总是在最不合时宜的时候掉下来，因此就产生了一种需求：需要一种实用的方法，把纸条固定在某个地方，但又不需要永久粘贴。解决方案：需要一种有永久黏性，但又容易移除的胶水。

因此，化学家的小错误有了潜在的用途。胶水试用后的结果非常成功，不仅纸条没有在不恰当的时候从赞美诗的页上掉下来，而且唱诗班的所有成员都想要自己的便笺。就这样，一种新产品诞生了。然而，从发明到进入市场，这个过程并不是一帆风顺的。

这些便利贴吸引了一群奇怪的追随者——一个由 3M 公司的人组成的小规模群体。他们之所以团结在一起，只是因为他们关心便利贴及其潜力，没有人是为别人工作的，即使有开发计划，也没有人看过。

就是在这种没有计划或正式组织结构的情况下，产品不断发展和改进，设想了新的用途，提升了外观和效果。最初，便利贴只是作为赞美诗页上的便笺，后来变成了大家熟悉的、五颜六色且大小不一、形状各异的便利贴。

最值得注意的是，这一切都没有得到 3M 公司的官方批准。事实上，恰恰相反，公司的权力层先是尽力忽视，然后是压制，那些敬业的开发人员甚至不得不在下班时间利用借来的资源秘密工作。据说，便利贴开发最初的资金来自那些关心此事的人。当该事件影响持续扩大后，3M 公司不得不面对这显而易见的事实，他们出了一本非常畅销的书，用来讲述便利贴是如何在计划中研发出来的，但这一切从来都不是计划的一部分。

无论便利贴的故事是否符合彼得·维尔关于高绩效系统的行为特征，但这群敬业的工作人员都具有汤姆·彼得斯（Tom Peters）所描述的研发部门的所有特征。在这里“眼不见，心不烦”是绝对不受欢迎的，所有人的工作效率都高得可怕，但又绝不会按照计划行事。

我想说的是，这与彼得·维尔所提出的行为特征的相关性也非常高。毫无疑问，规则手册没有被遵守，“绩效的突破以非计划的方式发生”。当然，周围的组织对 3M 高绩效系统的产出也并不满意。

我不能肯定这些成员是否经历过“巅峰体验”，但给我讲述这个故事的人，也是最初圈子里的一员，他把那段时间描述为他职业生涯中改变人生的时刻，也是他经历的最美好的时刻之一。有一件事我很确定，就是从公司等级制度的角度看，这些成员肯定被视为“怪人和神秘主义者”，即使这些词从未被实际使用过。

便利贴的故事现在已经成为企业界一个非常成功的例子，展示了那些反常的、偶然的、突破性的时刻，给原本组织中单调乏味、循规蹈矩的生活增添了情趣。这些故事情节绝对是独一无二的，而且基本不能被复制——至少故事就是这样写的，我不确定这个故事是否准确。事实上，我坚定地认为高绩效系统的突破即使不是每天都发生，但也是常常出现的，它通常不会被注意到，或者即使被注意到也会被边缘化，因为它不符合我们的期望。你很难看见一件你不期望发生的事情，尤其是当你知道它不应该发生时，就更难看见了。在下面杜邦公司的故事中，我们能体会到，高绩效系统的突破时刻被察觉到是多么困难。

杜邦公司的突破

杜邦公司是美国历史最悠久、规模最大的公司之一，它的许多产品都闻名于世，但可能比其生产的产品更出名的是杜邦公司对研究的重视，尤其是它还有自己的研究品牌，被称为“程序化研究”。

这种“程序化研究”被视为知识管理的早期版本。杜邦公司的成员认为，要像对待任何其他资产一样对待研究及其产生的知识。因此，他们还创建了研究组合，其中包含了很多值得实践的好想法，以及完成所有这些工作的一整套程序。

几年前，我受聘协助杜邦公司一个生产涤纶的部门来完成他们所谓的“突破性研究”。当我们开始这次冒险时，我尝试了一些基本测试。因此，在跟所有与涤纶相关的研发主管会面时，我问了一个非常基本的问题：“你们曾经有过突破吗？”

经过一番思索，他们说有过六次突破。我没有追问细节，因为我知道高分子化学的奥秘远远超出了我的理解能力。接下来，我又问了另一个问题，这个问题直指核心：“这些突破中有多少是按照计划进行的，也就是所谓的程序化研究？”他们的回答变得很慢，答案是“零”。我猜想是因为他们中没有人真的愿意承认，其实他们的研究的突破与所谓的官方的知识管理途径完全没有关系。

如果有人问这六次突破是否都是高绩效系统的产出，其实真实的答案我也不知道。但在我看来，许多显著特征还是存在的，例如，所有这些都是以计划外的方式发生的。

在一些例子中，当我逐渐收集到最初的一些细节时，相关特征也出现了。例如，参与研究的团队通常都不是正式的工作团队，而且他们明显轻视官方的研究规则。他们总是在闲暇时间工作，并且有着极大的热情。毫无疑问，这些成员走的不是寻常路。

更有趣的发现是，这群研究人员花了很长时间才意识到他们所取得的突破。我在这里要说明的是，思维范式的力量是多么强大，它会告诉我们事物应该是怎样的，如果现实与范式不符，那么现实往往就会被忽视。

问题很简单：真正高绩效系统的比例可能比我们预期的要高得多，但是有一个非常重要的问题，就是高绩效系统通常会出现在意想不到的时间和地点，而且很少按照计划出现。我们能改变这一点吗？我们是否有可能根据需要实现高绩效呢？

一个充满希望的故事

1995 年，美国电话电报公司（AT&T）和其他大公司一起，为 1996 年亚特兰大奥运会的地球村项目做准备。一个由建筑师、设计师、公共关系人员和安全专家共 23 名成员组成的优秀团队为其服务，他们努力工作了 10 个月。到了初秋，该项目的准备工作基本完成，这座造价 2 亿美元的建筑很快就要开始动工了。

就在那时，一个绝佳的机会出现了，但同时也带来了灾难性的影响。国际奥林匹克委员会（简称奥委会）对美国电话电报公司的设计印象非常深刻，他们邀请公司考虑将其展馆从目前指定的位于地球村边缘的位置搬到正中心。

由于公司考虑花费 2 亿美元的目的只有一个，就是曝光度，所以奥委会的邀请是不可抗拒的，但是他们面临一个困难。在地球村的边缘区，预计每天会有 5 000 名游客，但是在中心区，预计的游客人数每天会达到 75 000 人。显然，为 5 000 人设计的建筑远远不能够满足 75 000 人的需要，更糟糕的是，时间已经不多了。

移动位置的决定是在 11 月做出的，而奥运会实际上将在第二年6月开始，在那之前至少要在那个地方建起自己的建筑。旧的设计在之前花了10个月的时间，而新的设计和建造的时间只剩下不到7个月。此外，圣诞节和新年即将到来，这将进一步压缩实际工作的时间。

设计团队被邀请到纽约城外参加一个为期两天的会议。进入会议室时，他们发现只有一圈空椅子在等着他们。椅子后面的空白墙上贴着几个手写的牌子，上面写着“四大原则”（The Four Principles）和“双脚法则”（The Law of Two Feet）。

“四大原则”用通俗易懂的话来说，就是来的人就是对的人，发生什么就是当时只能发生的事，无论何时开始都是适当的时间，结束的时候就结束了。“双脚法则”甚至还没有被勾画出来。更糟糕的是，没有任何议程，也没有任何迹象表明接下来可能会发生什么。

如果说这个设计团队当时处于某种焦虑状态，可能还是低估了当时的状况。他们知道自己有能力做这项工作，因为他们以前做过。他们也知道，由于时间有限，完成这项任务几乎是不可能的。然后他们被扔进这样一个非常奇怪的情境中，围坐成一圈，中间隔着一片空荡荡的空间，凝视着他们的伙伴和同事，焦虑很快变成了纯粹的愤怒。当一位素不相识的绅士走到圆圈边缘说“欢迎你们来到开放空间”时，这种愤怒几乎无法平息。

但接下来两天里发生的事情，与人们预测的截然不同。在开始的一个小时内，小组成员就已经确定了他们认为对任务绩效有影响的所有问题和机会。半小时后（从开始算起的一个半小时），他们就深入地参与到多个小组中去解决已确定的问题了，只是偶尔停下来喝杯咖啡，快速地吃一些东西，或者在附近的计算机上写下他们的结论。无论最开始是什么问题，都会很快地在一场高效的头脑风暴中被解决掉。

第二天开始时，活动继续进行，但已有所不同。原来定义的小组很快地融入彼此，参与者看似随机地从一个讨论区移动到另一个讨论区，或者在讨论过程中停下来开始新的对话（这些对话并没有被列入最初的议程）。现场氛围也发生了根本性变化，在辛苦的工作中人们不断爆发出笑声，随意的交谈就可能引发意想不到的成果。

在局外人看来，现场一片混乱，但周围的能量几乎势不可当，虽然其产生的逻辑并不清楚。毫不夸张地说，设计过程已经进入了工作流状态，在这种状态下，工作组的边界无缝衔接，任何已经存在的时间表都消失了，时间和时钟都已经不重要了。这时如果说有人在负责的话，那么那个人也完全是隐形的。

在最后一天的下午 5 点左右，所有可见的活动都停止了，有那么一刻，现场寂静无声。这不是筋疲力尽的沉默，而是满足。这群人做到了！一个新的设计已经被创造出来了，不是一个模糊的概念，而是真的在建筑图纸上展现出来了。尽管这些图纸并不漂亮，一些细节还需要填充，但是计划已经有了，前进的道路是清晰的，还产生了更多内容。

该团队一致认为，这一设计不仅在功能上能够接待预计75 000名游客，而且在美学上比之前的设计有了巨大的改进。当他们在纽约工作时，他们都拿着手机不放，不停地购买那些工作必需的供给与资料。但直到这次活动最后，这23名参与者仍在相互交谈。这看上去似乎是一个小问题，但如此强烈的努力往往会导致参与者脾气暴躁。可以肯定的是，他们并不缺乏精神上的碰撞，有时还会有激烈的冲突，但不知为何，这些问题都得到了解决，而且产品也得到了改进。

我们可以看到，这23个人的活动和经验已经构成了一个高效运作的系统，产出超出了所有人的期望，当然也超出了团队的期望。根据过去的经验，他们在两天内就完成了之前需要10个月才能完成的工作。从生产力角度来衡量，生产效率大概提高了150倍。

从彼得·维尔的行为特征的角度看，它具备高绩效系统的所有行为特征。例如：每个人都忘记了规则手册；对于时间和管理规范这些外部提示，也没有人注意；小组成员间近乎白炽的工作流状态达到了最佳的契合；因为这只是一次单独的、一次性的会议，与周围的系统没有特别和持久的关系，所以我们还不清楚这样的系统是怎样对外输出的。

有趣的是，在会议结束后，我被告知，公司的其他部门有些不满（也许更恰当的说法是抱怨），因为他们突然发现整个时间表加速了，他们原本以为在 3 月或 4 月才会出现的需求，突然在 1 月或 2 月就成了头等大事，还有所有成员的热情高涨。负责该展馆的公司高管拉斯·纳托斯（Russ Natoce）喃喃自语道：“这是魔法，这是魔法。”

高绩效系统就在我们中间

上面这三个故事证明不了什么，但证明并不是我的本意。当我描述那些在自己的经历中多次出现的“高绩效系统现象”时，我希望读者也可以考虑一下自己的经历。如果正如我所怀疑的那样，你也发现高绩效（系统）似乎在以某种规律出现在奇怪的时间和地点，那么我的目的就达到了。

你可能会同意这种看法，高绩效系统的出现比人们想象的要多，尽管它们的出现经常被这样的事实掩盖，即它们并不以我们期望的形式和方式出现,它们的到来也是完全没有计划的。我们可能从来没想到过会是那样一群人，以一种完全不符合标准实践的方式工作着。

简言之，高绩效常常表现为反常现象，很容易被低估或完全忽视。但是当这种反常现象以类似的模式，开始有规律地不断出现时，可能在我们能看到的表面之下，还有更多的事情正在发生。

高绩效系统的两个例子（3M 公司和杜邦公司）可以被称

为“自然发生”，因为它们并没有打算做任何不同寻常的事——事情似乎就这样发生了。而第三个例子则完全不同，美国电话电报公司需要一个小小的奇迹，需要以一种非常奇特的方式去发现它，一个简单的流程就能让参与者取得令人吃惊的绩效水平，具体产出远远超出了参与团队预期的结果。正如其中一位成员所说：“这就是魔法。”

那看似神奇的一刻，其实只是开放空间技术的一个非常普通的应用。根据传统的组织实践和理论会发现，很难理解这样一群有才华的专业人士，在没有议程、没有事先培训和强有力的引导的情况下，是如何从一个愤怒的、混乱的状态中转移到积极参与且富有成效的讨论中的。然而，在不到一个半小时的时间里，团队就开始认真工作了。48 小时后，他们的表现就超出了预期。

如果这种经历只是偶尔发生，那么我们可能会有理由怀疑是神在干预，是集体幻觉，或者确实是魔法。然而，这种经历已经在许多场合被重复，虽然并不是每一个实例都能产生如此显著的结果，但是只要初始条件适当，并遵循一定的流程，结果在各种情况下都是具有可比性的。似乎高绩效有规律可循，甚至可预测，如果真是这样的话，那么实现高绩效就可能在我们的掌握之中。

第 5 章

开放空间实验

开放空间技术于 1985 年首次被开发出来并被应用。刚开始时，我没想过要进行任何实验。事实上，积累条件是当时一种非常实际的需要，因为开放空间技术的出现只是一种直觉反应。5 年之后，这项进行中的大型自然实验才取得明显进展，这一切远远早于下面这个故事。

故事开始于 1985 年 4 月一个温暖的下午，华盛顿特区真正入春的第一天。为了庆祝这个季节，我手里拿着我的第一杯“户外”马提尼来到院子里。

当我细细品酒的时候，一个令人不安的念头在我脑海里闪过。我已经同意在7月初召开一个讨论会，讨论组织变革的问题，但我几乎还没开始考虑这个问题。

两年前，我第一次召集了这样的会议，以任意一个合理的标准来衡量，会议都是相当成功的。然而，与会者表示，尽管他们很喜欢各种各样的发言和小组讨论，但整个活动中最有用、最有成效的部分却发生在茶歇时。我自己也同意这种看法。

对于参与者来说，茶歇时间的回忆可能是美好的，但对我来说，那些记忆却构成了我痛苦的领悟。作为研讨会的召集人，我几乎花了一年的时间来安排演讲和小组讨论，但我付出的所有努力，基本上都是对整个活动中最富有成效和最愉快部分的中断，可以说，这一事实是令人不安的。

再来一杯马提尼，我发现自己陷入了沉思，脑海里不由自主地浮现出好几幅画面。第一幅画面是我在西非工作的时候，我注意到，当人们有重大问题要解决时，他们总是围坐成一圈，所以我觉得我们的研讨会也从围坐成一圈开始，可能会比较合理。但只是被动地坐在一个圈子里，是无法进行研讨的，我们该讨论些什么呢？

第二幅画面出现在眼前——公告栏，我们可以简单地把自己感兴趣的话题贴在公告栏上，这样就只剩下时间、地点和参与者的实际问题了。对于有关各方在何时、何地会面，最后一幅画面给出了答案。那是一个土著集市，人们自由地聚集在小摊上，买卖东西，同时交换当天的新闻。

就是这样，围坐成一圈，创建一个公告栏，开放集市，然后就可以运行了。4 个月后，85 位勇士聚集在加利福尼亚州蒙特利（Monterey, California），参加第三届组织变革国际研讨会。这次研讨会没有议程，没有计划委员会，实际上几乎没有任何公开的领导。

开放空间技术最初的运行并不是一件惊天动地的事情。在接下来的 4 年里，人们对它的关注程度几乎没有增加。一年一度的组织变革国际研讨会定期举行，而且总是用开放空间的方式举行。与会者人数增加了，从开场到第一部分开始之间的时间缩短了，但这些似乎并不会引起人们的注意。

有一段时间，我发现自己对整件事都感到厌倦了。毕竟，作为引导者，我几乎什么都没做，而且似乎做得越少，效果越好。这真是工作到让自己失业啊！

直到1989年,我的无聊感突然消失了。当时的一个客户——杜邦公司所属的一个涤纶研究团队（Dacron Research Team），我发现他们陷入了我上面所描述的棘手局面。

市场力量和历史环境产生了一系列条件，需要客户对其进行所谓的“突破性研究”，即在短时间内取得突破性进展的研究。适用专利即将到期，其他公司有能力比杜邦更快、更便宜地生产涤纶，这个团队面临的核心问题是：他们应该舍弃这项业务吗？答案似乎是不可避免的，除非能找到其他方法，在短时间内生产出更好的、与众不同的产品。

当被问及意见时，我发现自己进退两难。我认为自己知道如何处理这个问题，但需要时间，我也不知道在如此短的时间内如何解决这个问题。我唯一想到的事，就是我们在研讨会上使用过的那个有趣的方法——开放空间技术。

我向我的客户提到了这个选择，也同时提示，虽然我认为它能起作用，但我从来没有在如此真实的、关键的商业情况下使用过。谨慎的态度决定了选择替代方案，而开放空间技术是一种可能的但实际上未经测试过的选择。

结果，我们别无选择。在指定的那一天，175 名高分子化学家围坐成一圈，创建了一个公告栏，开放了一个集市，并开始着手重新发明涤纶。

老实说，不是所有的技术问题都能利用开放空间技术解决，但是我确实知道，在此过程中，有着非同一般的互动水平。在细节上，与彼得・维尔的行为特征相匹配，参与者似乎也很满意他们的成果。事实上，涤纶继续存在于杜邦公司的产品线中，这也证明了那天启动的方案取得了成果。

治愈无聊并开始伟大的实验

在杜邦公司的经历之后，我发现自己陷入了一个非常奇怪的“好消息 + 坏消息”的境地。好消息是显而易见的——对开放空间技术的长期投入已经得到了回报。坏消息，或者至少是令人不安的消息是，我不知道它为什么会起作用。更糟糕的是，我们所做的几乎违反了在会议和组织管理方面的每一条原则和习惯。

我原来认为这些原则和习惯都是不言而喻且正确无误的，每个人都知道，包括我自己在内，要处理如此重大和复杂的问题，需要精细的议程准备、高度引导，以及对参与者的事前培训。

这些我们都没有做过，似乎是反常中的反常，但一点也不无聊。

随着时间的推移，我意识到我们已经具备了做一个奇妙的自然实验的条件。我们有明确的实验条件（见下文），一套规定的流程，随着时间的推移，我们肯定会得到一些实验结果。但是假设是什么呢？也许更让人好奇的是其内在机制是什么。

自然实验的优点在于，探索是可能的，否则实验可能会由于成本、可行性，甚至伦理道德等方面的原因而被禁止。然而，由于实验是自己运行的，我们可以利用这一事实来学习一些东西。

自然实验的缺点是，由于它完全是没有计划的，一般应具备的保障措施和协议都没有到位。当要确认结果的准确性时，这种不足就会产生问题。开放空间技术几乎是“计划外的”，绝对不会被认为是一项实验。然而，当自然实验达到一定规模，并持续一定时间后，就数量而言，可能有助于克服有效性的问题。

就开放空间技术而言，目前我们已有 22 年的经验，在 136 个国家有超过 100 000 次的应用，由数千名不同的引导者来引导。有了这种程度的经验，我们就可以自信地说，一些有趣的事情正在发生。

实验条件

在开放空间技术的早期，随着越来越多的人听说它，我也经常被问到什么是合适的使用条件。不断增长的经验告诉我，以下几点是必不可少的：

第一，一个“真正的”商业问题。换句话说，重要的是，发起的议题应该是人们真正关心的事情。没有令人兴奋的议题，只会让你走走过场，哈欠连天。

第二，自愿的自我选择。重要的是，那些参加活动的人是出于自己的意愿而来，而不是被命令这样做。对于一个真正的邀请（真正的邀请是可以被拒绝的），自愿的自我选择是至关重要的。

第三，高度的复杂性。议题本身必须是一个复杂的问题，以至于没有任何一个人，甚至是一群人，能够有效地解开其中的细节并找到解决方案。

第四，高度的多样性。这里的多样性指的是参与的群体。如果参与者都是同质的，那么即使开放空间技术有效，效果也没有群体内部存在巨大差异时显著，无论如何衡量这个“差异”，如种族、性别、职业、人生经历、经济，等等。传统观点认为，限制多样性会增加成功产出的可能性，但在开放空间中，事实却恰恰相反。

第五，热情和冲突同时存在。实际上，热情和冲突是一枚硬币的两面，因为当两种或两种以上的热情在没有足够的回旋空间的情况下相互接触时，冲突就会发生。显然，通过去除热情可以消除冲突，但那样的话，整个企业也就完蛋了。

第六，决策就在明天。一定要有一些真正的紧迫感，围绕一个可能在20年后出现的问题做开放空间，无疑会显得平淡无奇，以至于导致功能障碍。

这些条件是作为“使用/不使用”开放空间技术的标准而制定的，但随着我越来越多地参与到正在进行的自然实验中，它们承担了实验条件的角色。这些条件并不是绝对的，因为它们必须在某种预先确定的水平上存在，但它们都是必要的，它们存在的水平越高，开放空间技术就越有效。

流程

我已经概述了整个流程的基本要素：坐成一圈，创建一个公告栏，开放集市，然后开始运作。其实真的就这么简单，不仅如此，一些额外的细节可能会使画面更加完整。

当参与者围坐成一圈时，他们被邀请（不是被命令）识别任何与当前业务相关的问题，他们对这个问题真正有热情，并愿意承担个人责任。

开放空间不是头脑风暴，头脑风暴是你为别人想出好主意，别人去做。在开放空间，那些问题是人们真正关心的，以至于他们会承担起个人责任来完成一些有效的事情。这些问题变成了议程，而热情和责任是确保问题得到认真解决和采取行动的必要因素。

当参与者在考虑可能的问题时，引导者将描述四大原则和一项法则。四大原则是：

一、来的人就是对的人。这个原则提醒参与者，当他们进入讨论组时，选择加入他们讨论的人都是正确的人。他们之所以成为“正确”的人，仅仅是因为他们足够关心即将讨论的问题。关心是关键因素，即使每个参与者可能以不同的方式关心。

二、发生什么就是当时只能发生的事。这一原则将人们的注意力集中在那一刻，并提醒人们，所有的“可以是”“可能是”“应该是”在那一刻都没有实际影响，当时发生的事就是那一刻在集市上只能发生的事。

三、无论何时开始都是适当的时间。这条原则会让尽责的经理们抓狂，却是必不可少的。真正重要的是创造力和创新，它们总是在准备好的时候发生，而不是在前一刻发生。

四、结束的时候就结束了。最后一项原则只是陈述了一个显而易见的事实，即每件事都有一个结束，当结束到来时，就是继续前进的时候了。实际上，对开放空间技术来说，这意味着该讨论已经涵盖了所有领域，即使它还没有用完分配的时间，但该结束就结束了，多余的时间做一些其他的事情也是有用的。简而言之，不要浪费时间。

一项法则，我们称之为“双脚法则”。它非常直接：如果你发现自己处于一种既不能学习，也不能做出贡献的情况下，就用你的双脚移动到一个更好的地方。

许多人第一次听到这个法则的时候，觉得这种做法会令人不安，甚至很没礼貌。毕竟，我们都被教导说，仅仅因为无聊就离开是不礼貌的。在工作环境中，人们认为如果每个人都跟随他们的双脚，就很难做成任何事情。然而，在一个开放空间环境中，很明显的是，聚会的效率、效果和整体生产力会直接随着这项法则的被遵守程度而变化。总之，当双脚移动时，积极的事情就发生了。

虽然上述这些原则和法则构成了开放空间流程的一个要素，甚至可能是一个值得注意的要素，但它们并不会以任何实质性的方式改变流程。这是因为这些原则和法则从根本上说都是描述性的，而不是规范性的，它们描述了在任何情况下都有可能发生的情况，即使没有被提及。

“双脚法则”也是如此。当我们遇到既不能学习，也不能做出贡献的情况时，我们就会离开，即使不是身体上的，也是精神上的、情感上的，这是我们所有人共有的经验。如果我们继续懒散地存在，就会影响周围的谈话，而且通常是以一种消极的方式产生影响，我们无聊、沮丧的举止在整个事件中会释放出负面能量。如果我们真的允许我们的脚跟随我们的内心和思想，选择离开，那就会好很多。

实验结果

在过去的 20 年里，我引导或参与了很多开放空间活动，这些活动的具体结果根据参与者的情况和意图而有很大的不同，如系统设计、战略规划、产品设计、社群发展、解决环境纠纷等。

尽管具体结果存在多样性，但其行为具有显著的共性，我将其描述为：高度学习（High Learning）、高度玩乐（High Play）、适当的结构和控制（Appropriate Structure and Control）、真诚的社群（Genuine Community）和真正的领导（Authentic Leadership）。

高度学习

“高度学习”一词部分借用了托马斯·库恩[①]的观点，他认为“高度科学”（High Science）是打破科学洞察固有模式的时刻之一。我把“科学”改成了“学习”，因为我认识到，不是所有人都在研究科学，但我们都在学习，而且有时我们学习的速度惊人，思路清晰。

在开放空间中，常常是以前未曾想到的，甚至可能是不可想象的想法有规律地出现。当明显冲突的想法合并成新的想法时，就能让不可能的情况找到解决方案。回顾起来，这些想法和解决方案似乎是显而易见的和自然的，但在前期设想时，却似乎太离经叛道，好像精神不太正常。

---

① Kuhn, Thomas. *The Structures of Scientific Revolution.* University of Chicago Press, 1962.

高度玩乐

所有开放空间聚会的一个非常奇怪的方面就是玩乐的存在。即使在最严重的主要冲突和复杂问题占主导地位的情况下，也存在一种玩乐的气氛。

玩乐，正如我在这里使用的这个词，不是一个琐碎的活动，要区别于真正的工作。这是一种聚会的方式，以彼此的互谅互让和幽默为特征。玩乐的重要性，在于它提供趣味性的能力，特别是在“高度学习”也出现的情况下，是一剂针对过早关闭谈话和教条主义的解药。

当我们面对一种新的现实（挑战、任务或一系列情况）时，我们有必要弄明白这一切。通常情况下，这种意义构建是通过提供一种“解释”来完成的，这种解释往往采用故事或理论的形式，即把可用的事实以某种合理的方式组合在一起。

不可避免的是，这个故事的早期版本存在某些缺陷，因为所有的事实都不为人所知，或者即使知道了，也不能完全理解。如果把这样一个早期的版本视为“福音真理”，结果可能会很困难，并导致教条式的讨论，不容辩驳。

另外，如果新的故事或理论是基于一种玩乐的精神而创造的，那么无论是摧毁它，还是建造它，同样都会给人带来乐趣。正是在这种“建设性 / 破坏性”的过程中，一个更好的故事诞生了，或者一个更好的理论被提出来了。

适当的结构和控制

对于那些刚刚听说开放空间技术的人，或者只是有机会短暂地目睹过这样一个事件而从未真正参与其中的人来说，一种常见的观点是，它几乎没有结构，也没有控制。

通常，这指的是活动在没有公开指导的情况下发生（当然有引导者引导），可见的结构充其量是松散的，并且在不断地变化。与所谓的“标准会议”相比，这种观点显然是对的。然而，仔细观察任何开放空间事件就会发现，其结构和控制水平通常会大大超出最严密的组织（计划）情况下的水平。

例如，在一个较大规模的开放空间聚会中，2 108 名德国精神病学家和心理学家聚集在一起探索和扩展他们的研究领域。在第一个小时的会议中，他们建立了 234 个单独的讨论小组，然后在接下来的 8 个小时中同时开会，最后提交每次讨论的书面报告。

需要引导 234 个工作小组共 2 108 个人的精力，以及最终产出的书面报告，这一复杂的结构可能超出了大多数会议计划 / 管理小组的想象，更不用说设计和实施了。然而，这一切都是在不到 1 个小时内完成的，并且有足够的控制来维持运作和产出。

这里有一个重要的区别，就是在开放空间中的结构和控制都是现场突发的，它们来自整个团队，因此适合于现场所涉及的人、摆在他们面前的任务，以及当时一切的环境。如果这些因素中的任何一个发生改变（人、任务、环境），结构和控制都将瞬间发生改变。

真诚的社群

几乎每一次开放空间活动最奇怪的结果之一，就是出现了我所谓的“真诚的社群”。即使在冲突最激烈、最复杂的环境中，死敌也会互相尊重，从而产生一定程度的信任，甚至希望。到聚会结束时，大家可能会互相真诚地拥抱，甚至亲吻。更值得注意的是，在追求这种行为时，双方并没有付出任何努力。没有调解，没有冲突解决，也没有建立关系的尝试，但不知为何，最终会以一种非常温暖、有机的方式建立“真诚的社群”。

这里的“真诚”，从某种意义上说，是既不鼓励，也不强加，就像日常办公室聚会上，兴高采烈的首席执行官宣称的那样，我们都是一个大家庭。在开放空间中，真诚的社群就这样诞生了。

真正的领导

第一次接触开放空间的参与者往往会感到非常困惑，因为一切似乎都在以一种有序的、富有成效的方式发生，但没有人负责，至少没有人扮演着人们所期待的领导者的角色。

的确，活动以一个引导者简短的解释开始（通常大约 15 分钟），但是“指令”却非常简单，几乎到了不存在的程度。

事实上，它们几乎称不上是指令，而是一种邀请，确定每个人在与手头业务相关的问题上真正关心什么，然后为他们关心的事情负责。

15 分钟后，当引导者与人数较多的群体在一起时，他的角色就会变成一个移动的麦克风；当人数较少时（不需要麦克风），引导者只需坐下来，接下来，引导者的角色就更不明显了。事实上，一旦事情进展顺利，我经常会打个盹儿。

开放空间引导者的一句口头禅是“我们要完全存在，但绝对不可见”。很明显，如果引导者被设想为领导者，那么他就没有做好这份工作。

然而，不知何故，有条不紊、目的明确的活动还是发生了。提出问题，组成小组，进行有效的讨论，撰写报告，发起行动，所有这些都不是受益于领导者或者任何人的负责。如果被问到有关领导的问题，参与者通常会以一种好奇的口吻回答说：“这里没有领导。”这句话之后通常会是一个微笑，大意是说：是的，这里有领导，我们都是领导者。

很明显，当领导者完全缺席时，领导的职能以一种最有效的方式得到了行使。这种功能以多种方式被定义，但在最简单的层面上，我认为“领导是为有用的活动提供了激励、方向和焦点”。这些活动可能是玩游戏，设计一座建筑或经营一项业务，但在所有情况下，除非方向确定，注意力会集中在手头的业务上，否则不会产生多少效用，这就是领导的主要功能。在每一个开放空间活动中，这一功能都得到了明确的发挥，但它从何而来，又是如何发挥作用的呢？

我相信领导的起源有两个：热情和责任。或者更准确地说，领导是在热情和责任的融合中产生的。当人们清楚地认识到他们真正关心的是什么（有热情），并对正在发生的事情负起个人责任时，事情就开始发生变化了。

热情本身可能只是一道闪光，昙花一现，责任本身也可能是无聊的，但热情与责任相结合，就能创造出完成工作所需的方向感和专注力，这就是领导。

这看起来像是一种理论陈述，实际上，这是20年来我在世界各地无数次开放空间聚会中观察到的结果。参与者被邀请确定他们真正关心的问题（热情），并为它们负责，这首先意味着参与者将召集一个讨论小组来讨论这个问题。所有关心同样问题的人都被邀请参加。当然，那些来的人可能会以完全不同的方式关心这个问题，但关心的共性使他们走到一起。他们形成组织，或者更确切地说是自组织起来，从而形成了我所说的“关心的纽带”（A Nexus of Caring）。

关心的纽带类似于混沌和复杂性理论的“奇异吸引子”（The Strange Attractors）。这一理论告诉我们，奇异吸引子创造了组织的热点，将混乱的完全不同的元素吸引到一个新的、连贯的排列中，这就是秩序的开始。这是一种更复杂的、（可能）更好地应对环境的新秩序。关心的纽带在开放空间中发挥着完全相同的功能。

我们不能保证小组一定会得出一个成功的结论，但成功的概率很高。当关心的人聚集在他们关心的事情周围时，有效的事情很可能会发生。但请注意，这是热情和责任的最初表现，它启动了整个流程，并为团队提供了最初的焦点和方向。这就是领导的作用。

在大型的开放空间中，将会有成百上千个这样的“关心的纽带”。在一天中的每一刻，领导的职能都会从一个人传递到另一个人，在任何一个时间点都会有很多人担任这个角色。如果要绘制出领导的路径图，至少可以说，这将是一张晦涩而混乱的地图。而且很明显，旧的组织结构图和它的等级形式根本不适合这项任务。最重要的是，领导者不见了。

我们所能找到的就是我所说的“真正的领导”。它是真实的，因为它是从群体本身产生的，并且与参与的人、他们所承担的任务和他们工作的环境完全一致。一旦这些因素发生变化，领导几乎会瞬间改变。所有这些都与传统的领导观念形成了鲜明对比。

在传统观念中，一个人或少数人被预先指定去指挥和控制多数人。从这种传统的观点来看，在开放空间中发生的事情是令人惊奇的，甚至可能是令人震惊的。但它确实有效，并且在开放空间实验的成千上万次迭代中继续发挥作用。

彼得·维尔的高绩效系统的行为特征

前面列出的开放空间聚会的行为特征是在多年的观察中形成的，它们也持续反映了我对自然实验结果的看法。然而，我可能也使用了彼得·维尔所描述的高绩效系统的行为特征来更准确地描述这种情况，而且它们似乎都出现了。这是有趣的巧合，还是一个新式的通向追求高绩效的重要理解桥梁？前者当然是可能的，但我更倾向于后者。

第一个假设

每一个好的实验都必须有一个可以验证的假设。一般来说，假设出现在实验的开始，但在一个自然实验中，过程是相反的，因为通常情况下，在明确一个真正存在的问题和一个值得检验的假设之前，实验已经在很好地进行了，你会明白的，这绝对是开放空间的情况。那么这个假设是什么呢？

一个可能的版本是，在开放空间中，人类相对于他们的期望和之前的经验来说，会表现出更高水平的绩效，前提是实验条件是存在的，并且实验程序是被遵守的。

鉴于开放空间的全球经验，这一假设似乎正在得到验证，但所有这些都假定，开放空间技术本身就是一种运作机制，坦白地说，鉴于这种方法及其发展方式极其简单，所以在我看来这是非常值得怀疑的。

这么简单的东西怎么能做这么多呢？在开放空间的背后，究竟存在什么动力、力量或机制？为什么开放空间技术能起作用？如果我们能在这个部分找到一些线索，我们就可能会提出一个非常有趣的假设。

开放空间技术背后的动力

在 20 世纪 90 年代初，我找到了解决这个难题的线索。那几年，我一直着迷于化学家伊利亚·普里戈金（Ilya Prigogine）的研究，[①] 他发现了强有力的证据，证明秩序可以从混沌中以一种看似自然和不可避免的方式出现，而不需要外部“组织者”的帮助。

这一非正统甚至可能是异端的发现源于普里戈金在 20 世纪 70 年代初的研究，他还因此获得了诺贝尔奖。普里戈金发现，当原本稳定的化学物质受到某种程度的环境变化的影响时，它们会进入超平衡状态（混沌）。在那里，它们要么崩溃，要么在新的和更高层次的复杂性上重新组织起来，进而有能力应对变化的环境。奇怪的是，这一切似乎都是它们自己完成的，而且几乎是瞬间完成的。一句话：这就是自组织。

普里戈金给我们提供了这一过程的视觉画面：有一只茶壶，装满了水，放在一个冰冷的炉子上，一开始水只是静静地、有序地待在那里。但是当对其加热（环境改变）时，水开始以

---

① Prigogine, Ilya. *Order Out of Chaos*. Bantam Books, 1984.

一种混乱的、随机的方式移动。小气泡开始出现在表面，且没有明显的秩序，而且随着温度的升高，气泡出现的速度也会加快，直到整个水体处于杂乱无章的状态。然后一件非常奇怪的事情发生了，这些随机的、混乱的气泡几乎瞬间转化为滚动沸腾的、有序的气流。一个新的、更高层次的复杂性秩序，与变化了的环境相适应。这一切都是水这种物质自己发生的。

这个自组织的画面与我们在开放空间中的经历类似。一群人开始都安静地围成一圈坐着，但很快，随着主题被公布并张贴在公告栏上，这种静止的状态就变成了混乱的运动。当所有人离开他们的座位，走到墙边（集市），开始商量讨论时间和地点时，一切表面上的秩序都消失了。

然而，当时的混乱一出现就消失了，现在分解成多个更小的群体，以一种新的、更复杂的秩序聚集在一起，继续探讨手边的问题。以上描绘的两个画面在视觉上惊人地相似，这是一个有趣的偶然事件吗？毕竟,从化学和茶壶到人类的组织世界，还是有很大不同的。

更紧密的联系——斯图亚特·考夫曼的研究

斯图亚特·考夫曼是一位生物学家，与圣塔菲研究所关系密切。考夫曼着迷于生命的起源以及这样一个有趣的问题：生物是如何在一个沸腾的年轻星球上出现的。

在计算机建模和实验室研究相结合的基础上，考夫曼得出了一个惊人的结论：一切事物似乎都是自己发生的。或者，正如他在《宇宙为家》（*At Home in the Universe*）[①]一书中所说的像咒语般的规律——自由秩序（Order for Free）。

更具体地说，考夫曼发现，给定某些非常简单的前提条件，秩序就会发生，即使是高度复杂的生命系统的秩序——“复杂自适应系统”（Complex Adaptive Systems）——也会发生。它们是复杂的，因为它们是由以各种方式聚合的多个部分组成的；它们是自适应的，因为它们不断变化，以满足不断变化的环境的要求；它们是一个系统，因为这些部分不仅组合在一起，而且是以一种有目的的方式组合的。

根据考夫曼的理论，基本的前提条件[②]如下：①一个相对安全、营养丰富的环境（A relatively safe, nutrient environment）；②元素的多样性（Diversity of elements）；③联系的复杂性（Complexity of connection）；④寻求适应性（Search for fitness）；⑤稀疏的先前连接（Sparse prior connections）；⑥处于混沌边缘（Being at the edge of chaos）。

下面我逐条解释这几个基本条件。

第一条，一个相对安全、营养丰富的环境。“待组织系统”的要素必须是相对安全的存在。就早期的地球而言，我们可能

① Kauffman, Stuart. *At Home In The Universe*. Oxford University Press, 1995.

② 这里列出的基本前提条件，在某种意义上是对考夫曼研究的重构，他实际上从来没有像我这样把它们列出来，然而，我相信，我的观点基本上是正确的。——作者注

会看到所有这些都发生在一块岩石后面，这些岩石提供了遮蔽太阳射线的屏障。

第二条，元素的多样性。如果沸腾的锅里面都是同质的（同类事物），自组织就不会发生。反之，多样性程度越高，自组织的机会就越大。

第三条，联系的复杂性。如果可用的元素只能以一种方式组合在一起，那么自组织的可能性就低。另外，随着“原子钩”（Atomic Hooks）的数量和种类的增加，奇异原子和分子以一种新的方式联系起来的可能性也会增加，从而产生新的秩序。

第四条，寻求适应性。这一前提条件本质上是达尔文进化论的核心原则，达尔文的进化论经常被错误地解释为“适者生存”，我认为这是不对的。真正的意义是，进化过程应该被理解为所有生命形式的持续运动，为了更好地适应自身（增强内部的系统功能）和环境。

结果也证明，那些最适合的人，生存得也最好，但这与其说是一个竞争的过程，不如说是一个自适应的过程。说到底，大多数真正成功的物种并不是通过消灭竞争对手而获得成功的，而是通过学习从而有效地合作，真正地共生，这似乎比彻底的战争要有效得多。

考夫曼认为，类似的过程还发生在不同的原子和简单的分子结合，从而形成极其复杂的生命分子中。诚然，在原子和分子水平上“寻求适应性”，意味着我们在一些小事上要有意识地去关注。但不管有没有意识，寻找还在继续，至少考夫曼是这么认为的。

第五条，稀疏的先前连接。这个其实没有听起来那么难理解。要点很简单，当一切都已经组织好，所有的联系都建立好了，那么自组织就变得很困难了。因此，先前的联系要稀疏。

第六条，处于混沌边缘。最后一个前提条件可能是至关重要的。所有上述的条件可能都存在，但如果“等待组织”的物质只是像一个惰性的斑点一样静止不动，那么什么也不会发生。而如果它是在一个沸腾的大锅里，那么就要注意了，自组织正在进行中。

开放空间连接

开放空间技术和考夫曼的前提条件之间的连接，可能是脆弱的，也可能是坚实的。但是当我阅读考夫曼的研究成果时，他所描述的和我所认为的开放空间技术的必要条件（见上文）之间的相似之处，确实引起了我的注意。

这两者在语言层面上的相关性是明显的，特别是在复杂性和多样性方面，但似乎还远不止于此。例如，我观察到，当有一个真正的业务问题需要解决且十分着急时，开放空间的效果最好。这听起来非常像“寻求适应性”这个条件。

而对于“处于混沌边缘”这个条件，正好符合开放空间技术的第五个条件——高度的热情和（潜在的）冲突，即使这两点在文字上不一致，但实际的经历似乎是一致的。在开放空间开始的时候，我称之为“真正有趣”的时刻，热情很高，但预测结果的可能性还很遥远。用“混沌”这个词来形容这种情况是恰当的。

考夫曼的前提条件之一——稀疏的先前连接，确实对我提出了一些挑战。问题在于，如果这个前提条件也适用于开放空间技术，那么高度官僚化的组织——一切都是联系在一起的，似乎在开放空间中做得不好。

但实际却恰恰相反。事实上，我从来没有发现松散的组织团体和那些有着长期僵化结构的团体在功能上有什么本质的区别。甚至可以说，如果所有其他开放空间技术的条件都具备了，二者的绩效或者流程是相同的。为什么呢？

经过反思之后，我突然意识到，奥妙可能与每次开放空间开始的方式（所有人围坐成一圈）有关。在人类历史进程中，圆圈及其力量，一直是一个不断引起人们兴趣的领域，但抛开比较难以理解的可能性不说，在我看来，线索就在于开放空间技术中圆圈的实用性和机动性。

一开始，只有一圈椅子，没有座位分配，人们选择坐在自己喜欢的地方，或者在有空间的地方坐。因此，他们在圆圈中的实际位置，取决于个人的心血来潮或到达的时间，而这个群体，无论它的历史是什么，实际上都是随机的。最终的结果是，先前的连接，至少在座位方面，被瓦解了。

底线

我大胆地提出，考夫曼所描述的和我们在开放空间技术中所看到的是相同的，或者肯定是可以比较的。如果有人要寻找使开放空间技术成为可能的基本运作机制（即使这个机制看起来是违反直觉的和错误的），那么这个机制就是“自组织的力量”。

我承认,原子和分子的世界与人类群体的世界有很大不同，通过建立这样的联系，我很可能会破坏考夫曼科学的连贯性。因为考夫曼科学本身就是一个持续争论的问题[①]，所以我的结论也可能缺乏坚实的基础，就像建立在“流沙之上的城堡”。

也就是说，我也不知道有什么其他的理论框架，能够从20年的开放空间技术经验中获取有意义的东西。

自组织的开放空间

当开放空间技术被视为自组织起作用的一个例子时，许多谜团似乎都解开了，特别是当人们记住了自组织是所有生命和整个宇宙的基础时。简而言之，它是一种历史悠久的力量，早

① 我只能把对考夫曼研究的最终评判留给他的伙伴和同事们，但我也注意到，在这方面，就我所读到的，从对他的研究负责任的科学评判来看，许多人都认为他肯定是有什么发现，只是所有的细节还有待解决。——作者注

于所有现代发明，如团体工作、引导、大型群体干预等。

开放空间技术之所以能够发挥作用，仅仅是因为我在两杯马提尼酒的影响下，偶然发现了自组织的必要前提条件，并使其发挥了作用。从标准的会议和组织的角度来看，在开放空间中发生的事情是不可能的，但作为自组织，所有开放空间聚会中发生的有趣事件都是可以预测的。

举个例子，一大群人如何从一种不清楚他们要去哪里或者如何到达那里的被动状态，进入一个工作富有成效的状态，仅仅需要 15 分钟的谈话作为指导——答案是他们已经知道的，这种知识本质上已经根植于他们的集体心智中，并且已经存在了数千年。

而另一个谜团就是，尽管全球各地的文化、宗教、种族、经济、教育或者其他因素存在差异，但开放空间技术似乎在各处都能发挥作用。这是怎么回事呢？

更奇怪的是，它似乎以完全相同的方式在起作用，以至于在所有地方表现出来的行为（我称之为“实验结果”）都是相同的。可以肯定的是，虽然在语言、着装和讨论的问题上存在差异，但在更广泛的层面上，这是绝对正确的：如果你见过一次开放空间技术，那你就见过了所有的。

这怎么可能呢？答案就是：这一运行机制在基础上优先于文化、宗教、经济和教育等所有这些变量，在这些变量因素之前，就是自组织。

也许你会问，这些都是真的吗？我的回答只能是：我想是这样的。至少，这是一个可行的假设，可以在任何时间、任何地点进行测试。

我想补充的是，解开开放空间技术的谜团也许是开放空间技术和自组织之间联系的最不重要的结果，对我们来说更重要的是，如何更深入地理解高绩效（系统）的本质，以及如何在一些常规基础上去实现它。

开放空间、自组织和高绩效

这里的逻辑简单明了。如果高绩效在开放空间中有规律地出现，而开放空间本身又是自组织的产物，那么可以合理地推断：高绩效（系统）的源头就是自组织的力量。

这一点可以直接陈述为：自组织必然向高绩效方向发展，而高绩效正是“寻求适应性”的实现。这个目标可能实现，也可能无法实现，但一旦实现，就会有一个明显的内在和外在的适应性。在内部，无数的组织功能和元素顺畅地协同工作；而在外部，组织与环境存在着一种完全共生的关系。这一切都是自己发生的。

如果上面提供的逻辑符合实际，那么达到高绩效就不是做什么事情（如设计、安装和维护组织生活的各个部分）的问题，而是我们已经是一个完全的、有意识的自组织系统了。正如本书所描述的中心形象——乘浪者，我们都在这个世界强大的力量中乘浪。

在一个更实际的层面上，对我们开篇章节中考虑到的实现高绩效的多重障碍，即使没有被消除，也将大大减少。其实，如果创造一个真正高绩效的系统是依赖于我们“发现问题并解决它”的能力，我们肯定得不到想要的结果，我们会发现自己陷入了古希腊神话中的国王西西弗斯（Sisyphus）的困境。

当我们把“组织功能障碍的石头”推向山顶以寻求解决方案时，它会以更大的力量返回，并伴随着一系列全新的不可预见的问题。即使运用了系统思考的最新见解，我们的努力也几乎没有什么改进。事实上，我们的情况正在严重恶化。

我们现在知道，表面上看似简单的“我们的业务”，充满了令人痛苦的细节、令人难以置信的复杂性和关联性。也许有一天，我们会走到隧道的尽头，发现那只乱飞的蝴蝶正扇动着翅膀，使我们的生活陷入混乱。按照我们现在的方式，我们永远也达不到终极目标——高绩效系统。

好消息是，我们真的不必这样做，这可能在学术上很有趣，在智力上很有挑战性（这都是好事），但我们有更好的方法来实现我们的目标。自组织的力量在无限的混沌和复杂性中茁壮成长，从中产生秩序和高绩效，这一切都是自己发生的。此外，它已经发生137亿年了。

第二个假设

从2～3天的开放空间活动，跃升到“全人类系统”领域，这是非常可怕的。毕竟，开放空间聚会的规模相对较小，持续时间也较短。而且即使最终证明了自组织是开放空间技术背后运转的力量，并真正产生了高绩效，这个发现与无限大的系统又有什么相关性呢？

要解决这个问题，就需要对我们的假设进行彻底的重述，这个假设现在可以表述为：所有人类系统都是自组织的，并且在必要的前提条件存在并持续的情况下，自然地趋向高绩效。

一个判断是，所有人类系统都是自组织的，这种观点在任何绝对意义上都可能是无法被证明的，而且与更为传统的“我们的组织是我们的创造物”的观点相比，这绝对是一种非正统的观点。我们确实做了“组织”这件事，但即使不是我们，还有其他人。可以肯定的是，像通用汽车、美国联邦政府，更不用说沃尔玛和红十字会了，这些机构都是经过精心设计，然后又经过多次重组而重新出现的，这一切都是由我们执行的。这个假设从一个不同的地方开始，所有的系统从开头到结尾，从上到下，从开始到结束，都是自组织的。简言之，不存在非自组织系统的东西。

另外一个判断是，只要必要的前提条件存在，这样的系统自然倾向于高绩效。这种观点至少相对而言，不那么具有颠覆性。事实上，这几乎是一种重复。

如果考夫曼是对的，复杂的自适应系统一直在寻找一种更好的方式来适应自身和环境，那么提高绩效水平将是一个自然的结果。这些组织并不需要成为全球范围内的超级明星，只需要在他们自己的环境中做得比平均水平好就行了，小池塘里的小鱼也可以出类拔萃。

第 6 章

自组织：高绩效系统的关键

至少可以这样说，从非常有限的开放空间活动情况，到各种规模的无限大人类系统的领域，是一个非常大的跳跃，然而，这并非没有先例。

事实上，这种跳跃是一种常见的“扩大规模”的做法。当某些新产品在实验环境中被证明了有效性时，下一步就是从微观转向宏观。虽然不能保证成功，但当相似的条件在这两个层面都适用时，做出“扩大规模”的决定就比较容易了。

在这种特殊情况下，关键问题是，大型人类系统从根本上说是自组织的可能性有多大？如果开放空间技术仅代表一种特殊的、有限的情况，那么它所有向更大规模扩展的理由都将消失。另外，如果我们在宏观层面上对类似情况有一些合理的预期，那么这一举措就会变得更具吸引力。

与之相对立的，是传统的智慧，它得到了数十年的管理科学理论和实践的支持。当它们被集中起来的时候，组织就产生了。我们都知道这是谁做的——是我们，就算不是我们，也会是某些人，所以提出其他建议是不可想象的。

假设，斯图亚特·考夫曼、伊利亚·普里戈金以及他们无数的科学界同行所提出的观点是正确的，即自组织是宇宙起源和发展背后的基本机制，当然，符合机制的还包括宇宙中最近才出现的人类生命。

然后，自组织就会和其他原始力量（如引力）一起，在事物的秩序中占据一席之地。在这些情况下，就像人类不能脱离引力一样，人类系统有可能逃离自组织的统治吗？理论上是有可能的，但实际上不大可能。

另外，我们都知道企业和组织是如何形成的，它们是由某些人精心或拙劣地设计出来的。我们甚至有图片来证明这一点——无所不在的组织结构图。在一张纸上，或者是在一整本书里，精心制作并策划着这一切是如何运作的，为我们提供了反思和指导。我认为这种组织范式是某种愚蠢力量的产物，和以为一群猴子随意敲打打字机就能写出莎士比亚的剧本是一样的道理。

然而，这张著名的组织结构图可能并不像我们所看到的那样。根据我一直以来的经验，至少在我和客户开始一项新任务时不是这样的。出于礼貌以及对我所接受教育的尊重，我一到达就收到了这份正式文件，紧接着就被警告说它已经过期了，不可信任。

这就是组织的主要脉络，是无数小时专注工作的产物，但它不能被信任。然而如果你像我经常问的那样问：你是如何在这个地方做事情的？答案通常会是我所说的“露西综合征”（The Lucy Syndrome）。当你需要做什么事的时候，就去找露西吧。

“露西”和非正式组织

事实证明，“露西”（或者类似的人，只是名字不同）是会计部门的职员，她离组织结构图太远了，几乎不为人所知。然而，她在组织里已经20年了，仅仅因为她给每个人发工资，所以她认识每个人。

除了发工资，“露西”还花了相当多的时间在电话上和饮水机旁传播“流言蜚语”，但行家们都知道，她正处在一个叫作“非正式组织”的奇妙事物的十字路口。

如果发生了什么事，不管是可能发生的，还是没有发生的，或者是也许会发生的，“露西”比任何人都早知道。可以肯定的是，“露西”对一些技术细节有些模糊，但在必要的情况下，她完全知道该找谁去谈。

“露西”也有她最喜欢的人，那是一个特殊的群体，有年轻的，也有年老的，她特别努力地要和这个圈子保持联系。当然，这是一条双向的通道，因为她付出越多，就会得到越多。

进入“露西”的圈子是一种骄傲和真正的力量。如果没有其他原因，会员会将新人（新雇员）与老员工分开。新员工们疯狂地搜索着组织结构图和相关的程序手册，想知道这个地方是如何工作的。老手们只会继续做他们的工作。

非正式组织的力量一直被保密，部分原因是正式系统的管理者，也就是所谓的管理者，致力于废除非正式系统。在某种程度上，这是他们的工作，每件事都应该以一种正式、有序的方式来做，照本宣科，从正式的沟通和正式的程序开始。

当然，非正式组织是所有这些的对立面，它的出现对管理以及管理层都是一个明显的威胁，最好是眼不见，心不烦，免得工作绩效受到质疑。

非正式组织在组织文献中也没有被更好地提及。即使提到了，它通常也只是一个脚注或一点附言。加里·德莱斯勒（Gary Dressler）的书《管理：领导21世纪的人与组织》（*Management: Leading People and Organizations in the 21st Century*）[①] 就是一个很好的例子。

他在这本书中写道："非正式组织通常不会出现在任何组织结构图上，它是由员工之间用来完成工作的非正式的联系组成的。"据我所知，这就是他对这个问题的全部看法。这似乎有点奇怪，因为他认为非正式系统是"员工用来完成工作"的关键因素。

---

① Dressler, Gary. *Management: Leading People and Organizations in the 21st Century, 2nd edition*. Prentice Hall, 2000, p. 212.

尽管管理层尽了最大努力，但非正式组织仍然存在，而且运作良好。如果你问是谁创建了这个组织，答案很明确——没有人。这一切都是自己发生的，有人可能会说，这就是自组织。

非正式组织有什么好处

我们可以认为非正式组织永远存在于组织内部，但是，流行的事实并不能说明它是好的或是有用的。因此，问题来了：非正式组织有什么好处呢？

根据许多管理者的观点，非正式系统是每个优秀的组织应该有的样子的反面教材。然而，如果你仔细听这些人说的话，你会发现非正式系统的邪恶本质并不清晰，这在非正式讨论中尤其如此，当谈话转向“事情到底该怎么完成”的时候，那时，所有的“战争故事”都出来了。一些重大的企业突破背后的故事，似乎从来都跟官方版本不一致。

一项令人吃惊的新技术的发明，就像是企业皇冠上的明珠，即使它只是一个设想，也会让陷入困境的企业看到一缕曙光。

故事是各种各样的，但通常会有一种共同的模式，例如，研究团队经过了艰辛的一天，一切似乎都不顺利，也没什么进展，似乎也没有什么可做的，只有到当地的酒吧去调整一下状态。

第一杯酒喝完后，气氛缓和下来，说笑开始了。酒吧的人发表了一些离谱的评论，一个初级助理以同样的方式回答，纯粹是琐碎的谈话。然而，在吧台后面，另一名队员突然有种奇怪的感觉，一道亮光出现了，不知为何，这和正在进行的谈话有关系，但又不是那种谁都能听得懂的方式，于是一个尚未成形的想法在他脑子里慢慢地萌芽了。

突然间，餐巾纸和杯垫都成了科学的工具，匆忙写下的潦草的方程式被传上传下。经过几个小时兴奋的谈话后，聚会结束了。餐巾纸和杯垫被收集起来塞进口袋，然后等待第二天早晨的到来。

我不会把所有的科学发明都归因于酒吧环境，但如果它们都以其“应该”的方式发生，我会非常惊讶。关于有趣的便利贴的故事，通常被当作一件奇怪的、反常的事情来讲述，可能非常接近规则。

我认为，我们没有听到更多例子的原因与那些参与者的公众形象有很大关系。毕竟，有多少杰出的科学家愿意让人们知道，他们获奖的发明创造是从酒吧开始的呢！当然，当到了祝贺成功并寻求支持资金的时候，所有真正起源的痕迹都已经被清洗掉了。官方记录变成了咨询过的专家名单、阅读过的期刊、进行过的实验等，但“露西”圈子里的那些听过这个故事的人，却不那么认为。

那么非正式组织的好处是什么呢？它很可能是创新需要的沃土，新事物的源泉，即使是非常小的、明显无关紧要的新事物。

正式系统似乎在“一切如常”的情况下做得很好，但当差异和偏差成为常态时，表现就不那么令人满意了。在不带批判眼光的人看来，绝大多数情况都很容易归入正常业务的范畴。但每一个熟练的工匠和技术人员都知道，每种情况都是独一无二的，需要一点“旁门左道”的知识，从未真正纳入正式系统的“标准程序手册”（Standard Book of Procedure）中的知识。对于这些老手来说，咖啡壶和饮水机旁是这些有用知识的源泉，因为这是非正式系统运作和“露西”统治的地方。

照章办事

但我肯定是夸大其词了。正式系统对于我们这个世界的组织和再组织所做出的所有努力，必然有更好的回报，我相信这会是一个相当实用的回报，但可能不是我们想要的。

如果我们的期望是通过严格的形式化流程和程序（正式组织的核心和灵魂）来让事情更好地运转，那么我认为我们已经错过了机会。然而，它有明确的而更有限的好处，关于这一点，我们一会儿再讨论。首先让我们更仔细地看看正式组织的“可操作性”——一切都是为了照章办事。

“照章办事”指的是当有必要时会将不听话的管理层带到谈判桌前进行讨论，这是许多工会组织所采用的一种做法。这种策略与罢工完全相反。事实上，工作还在继续，但是以当前合同规则精确描述的方式进行的，所要求或禁止的一切行为都与合同规定的完全一致。

有人可能会认为，这种做法会受到管理层的欢迎，即使只是因为正式系统能被细致地观察到,但实际的影响则大不相同。当合同的每一个要素都符合法律条文时，有效工作就会放缓，在某些情况下甚至会停止。

我想这里有一个教训：如果我们真的用我们所说的方式经营业务，那么我们肯定会破产。这种说法可能有点言过其实，但我相信，它指出了正式系统的局限性、本质和功能。

正式系统的本质和功能

这里的“正式系统”指的是我们实际上所创建或组织的内容，这些内容大部分都显示在打印的页面或计算机屏幕上。我们凭着无尽的耐心和精致的细节（在最好的情况下），创造出我们认为应该发生、希望发生或期待发生的设计。我们用文字和图表描述我们所理解的组织，并指出所期望的行为。

毫无疑问，我们在创造，而自组织的强大力量肯定会退居次要地位。然而，当我们精心设计出来的组织系统被执行时，美妙的时刻到来了。突然之间，我们封闭的思想系统变得开放了，因为它们被抛进了我们所生活的复杂而多变的世界。

简而言之，我们的设计只是变成了正在进行的自组织过程中的又一个元素，规则改变了。无论我们在系统中设计了什么样的内部机制，现在都被自组织的原则和功能所取代了。

诚然，这种观点与目前的认识和实践有一定的分歧。虽然人们越来越认识到自组织的真实存在，但这种认识终究比较片面。正式系统（我们所组织的）和自组织系统（完全靠自身发生的）被视为两个平行系统，正式系统处于主导地位，而我对此的观点则完全不同。

就像我说的，没有所谓的“非自组织系统”。即使是像复杂的会计系统这样精心设计的东西，在实施的时候也会自组织起来。软件系统也是如此。但当第一个用户出现时，规则就改变了。

也就是说，我相信我们的正式系统有很大的效用，尽管有一些限制，但最重要的是理解它的效用和限制是什么。从根本上说，正式系统是描述我们业务领域的地图，这些地图可能是基于无数经验精心绘制的，但终归只是地图而已。

组织结构描绘了相关人员的关系和职能，战略计划则描绘了随着时间推移这些关系和职能的变化，表明我们对未来的期望和希望。然而，正如阿尔弗雷德·科日布斯基（Alfred Korzybski）指出的，“地图不是实际领土”。[①] 把地图和实际领土混为一谈，至少会导致功能障碍，在很多情况下会带来

① Korzybski, Alfred. *Science and Sanity: An Introduction to non-Aristotelian Systems and Semantics, 5th Edition,* Institute of General semantics, 1994, p. 58.

彻底的灾难。

组织结构图并没有创造组织，战略计划并没有为组织创造未来，图表和计划也只是简单地（而且是仅仅）表达了随着时间的推移，我们对组织功能的最佳猜测、希望、期望。

毫无疑问，很少有高级管理人员或领导层在原则上不同意我的观点。然而，我相信，无论在理论层面上的同意程度如何，在实践中，许多（也许是大多数）组织仍在继续运作，就好像正式组织仍占主导地位一样，或者说是唯一的组织模式。

不久以前，“优秀经理”的定义是这样的：一个优秀的经理需要制订计划，管理计划，并满足计划。这个定义的力量在今天可能有点脆弱，但是制订计划和满足某些数字的愿望仍然在充分发挥作用。

如果有这些限制，那正式系统的效用是什么呢？它的效用就如同地图一样，地图越好，就越有用，尤其是对外部人士和新来者来说更有用。

对外部人士来说，组织地图提供了对总体架构和连接点的大致概念。例如，银行需要知道谁有权签署支票，客户需要知道在不满意的情况下去哪里投诉，投资者需要知道该机构未来的发展方向和目前的状况……组织结构图和战略计划提供了这些信息。

然而，认真的投资者明白，尽职调查并没有通过审查这些地图来进行，即使是非常仔细地审查了，也不能说明一切，但这确实是一个开始的地方。

对新来的人而言，他们觉得地图特别有帮助。新员工在陌生的环境中前进时，至少在遇到“露西”和她的同事之前，他们需要有明确的方向。

总之，组织地图在有边界的情况下非常有用。在组织的边缘，客户、银行家和其他外部人士需要知道到哪里去获取信息和服务。对于新人来说，组织地图发挥了类似的功能，帮助他们跨越边界，并为他们指明执行工作时获取必要资源的方向。这些“必要资源”在很大程度上是一些特定的人，他们的名字出现在组织结构图上，统称为“正式领导”。

正式领导

当考虑正式领导时，最重要的是记住开放空间实验的一个关键结果，我将其称为“真正的领导”。我们发现，在开放空间中，领导的作用体现在热情与责任的交汇处。此外，随着人们的需要、任务和环境条件的变化，这一职能几乎可以由任意一个人来行使，从一个人传递到另一个人。

我相信，开放空间的这一发现，可以广泛应用于所有自组织系统广阔的世界中。总之，“真正的领导”并不意味着头衔和职位，也不能预先决定。而组织的“正式领导”，总是一个头衔和职位，而且是预先决定的。

我承认，在一定程度上，我对“正式领导”和“真正的领导”的并存感到不舒服，这可能表明，那些“正式领导”没有能力成为“真正的领导”。但这不是我的意图，事实上，我们都认识许多作为“正式领导”的人，他们确实发挥了“真正领导”的作用，而且表现出色。他们的热情和责任感提供了焦点和方向，同时也为伟大的事业打开了巨大的空间。

然而，使他们发挥“真正的领导”能力的，并不是他们的头衔或职位，而是他们独特的热情和责任，这种热情和责任创造了真正的“关心的纽带”。同样重要的是，当一些创造性的、新的关心纽带出现时，这些人总是愿意让位。事实上，他们会为这样的纽带而鼓掌。

因此，人们会希望，那些作为“正式领导”的个人能够表现出“真正的领导”的才能。实际上他们经常这样做，这本身就有足够的理由赋予他们头衔和职位。如果有一天他们很少表现出这样的领导才能，那将是撤换他们的时候。在这期间，他们在正式组织中的位置构成了边界情况下的一个重要连接点，也是组织地图中的关键部分。

组织地图作为参考点

组织地图还有一个额外的功能，就是在通往未来的道路上提供检查点，这有助于比较现在和过去的经验。正是在对过去和现在差异的感知中，许多真正的学习才会开始。

当有些地图完全是空的或者重要的地图都是错的时候，就需要特别注意了，这时对感知到的差异的解释将明显不同。也许之前的观察不够准确，或许某些东西真的发生了变化？

但无论如何解释，请永远记住，根据定义，这些地图至少比当下落后了一步。如果假定地图具有固有的正确性，那么至少会限制学习的可能性，并可能导致极大的困难。

总之，正式组织（结构、程序、规则手册等）在所有边界情况下都是有用的，并有助于我们的学习。然而，它仍然只是一幅地图，而不是实际领土，只是一个附属物。不管出于什么原因，当我们忘记这一点时，我们的绩效水平就会下降。

如果我们认为只有正式的组织才是组织，不仅会本末倒置，还可能会偏离正轨，那时我们会发现自己为错综复杂的规则、程序、结构和控制所纠缠，这些规则和程序很容易就有了自己的生命，导致我们花在经营业务（running the business）上的时间比“做业务”（doing the business）的时间要多得多。也就是说，正式组织是非常有用的，只要它能不多不少，正好支持和帮助到我们。

真正大系统中的自组织

我们可能会觉得，自组织的奇妙之处是可以在企业和机构的小团体中运作，但是当规模扩大到整个组织后，你可能会觉得我肯定是在开玩笑。如果让成千上万的人完全听任自组织的自由放任，他们怎么可能有效地完成任何事情呢？在这样的规模下，复杂的秩序是人类生产活动所必需的，而“完全自行运转”显然是荒谬的。也许是这样的，但先来看一下我曾给那些毫无戒心的 MBA 学生进行的练习吧。

当学生们聚集在一起时，我祝贺他们在系统思考、系统设计等领域的卓越能力，并指出，他们无疑已阅读了所有相关文献，也肯定准备好了把自己的技能付之检测。我提供了以下练习：请设计一个系统，能够每天喂饱 850 万人，他们想要什么就吃什么，并且总是有两周的食物供应。开始吧！

当我看到他们真的投入到任务中，并表现出一定程度的焦虑（或者是因为他们认为自己有解决方案，或者是因为他们知道这根本不可能）时，我举手示意暂停一下。

我笑着说：“很抱歉这么说，但这只是个玩笑。你真的不需要设计出这样一个系统。它已经存在了，这就是纽约市。”人们的反应各不相同，从愤怒到被动接受，但总的来说，这场学习无疑是深刻的。

纽约，或者你可以替换其他任何大城市，其食物供应系统是非常复杂和庞大的，但也是非常有效的，因为大多数人在大多数时候都吃得很好。

当然，这其中存在着一些问题和漏洞，但在任何一天，都有 850 万人能获得自己选择的三餐。虽然大多数人看不到，但纽约的食品贮藏室的食物足够两周的供应。更令人印象深刻的是，这一切完全没有人组织，都是自己发生的。

当然，有些人可能已经尝试过了，当然也有一些团体试图影响这个系统，如公共卫生部门和媒体的食品专家，但就整个系统的设计和控制而言，没有人在组织。

你可能会担心纽约的食物供应系统并不完美，的确，你可能会在街上发现饥饿的人。从某种理想意义上说，没有一个自组织系统是完美的。然而，这个系统正在尝试变得更完美，这就是"自适应"和"寻求适应性"的全部意义所在。你真的能称纽约为"高绩效城市"吗？在我们定义的范围内，我认为答案是肯定的，尽管它存在种种问题和不完美之处。

铁证或只是可能性？

我们现在证明了所有的系统，包括非常大的系统，都是自组织的吗？显然没有，但是证明本身从来都不是目的，其目标仅限于提高可能性水平。

企业、政府以及诸如此类的大型人类系统，跟我们所有人一样，都是生活在同一颗星球上的，受到同样的法则和力量的制约。为此，我们描述了正式（明显人为组织的）系统，并且更准确地描述了它的实际情况——一幅非常有用的地图，但绝不要把它与实际领土混淆。

与此同时，我们也试图将长期以来声名狼藉的非正式系统公之于众。我们还注意到，当我们实际执行正式系统所要求的细节时，经常会导致有效工作变慢，甚至停止。

最后，我们快速地看了一下可能会经常遇到的最大的系统之一：纽约市的食物供应系统。我们并不能确认是否有人计划并组织它，但无论如何，尽管这个系统有明显的缺陷，850 万人还是能够设法定期填饱肚子。有些人可能会说这是一个伟大的奇迹，但我相信自组织就能做到。

也许你同意自组织可能是我们系统的起源和原动力，并且对开放空间技术 20 年的自然实验结果感兴趣，也许你没有被说服，但我们正在接近这样一个点，在那里，我们可能会继续对“乘浪者”的角色进行非常实际的考虑。

坦率地说，还有两个令人痛苦的问题需要我们关注。第一，如果自组织过程包括混乱、困惑和冲突等令人不快的事情（更不用说结束和死亡了），那么我们该如何处理这些痛苦呢？第二，如果高绩效是自组织的自然结果，它几乎就是自发产生的，那为什么我们会陷入这样的混乱呢？

第 7 章

我们如何处理痛苦

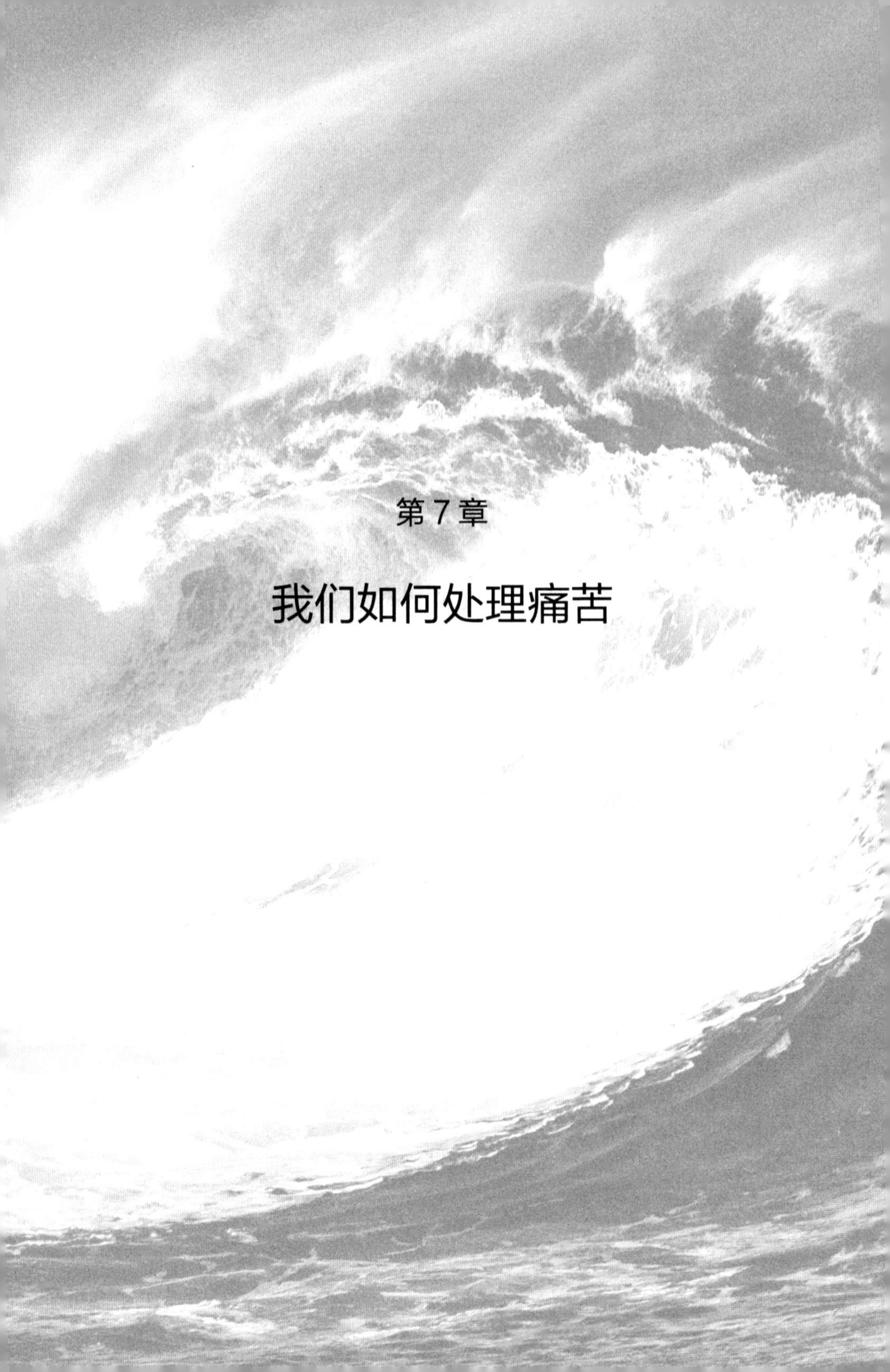

我曾说过，真正的高绩效，如彼得·维尔所描述的，是一个功能良好、自组织系统的自然产物。它最终来自系统“寻求适应性”的方式，即内部有自己的机制和过程，外部与环境有关系。

这是一个不断适应变化的过程。大大小小的变化、向内和向外的涟漪，会引发更多的变化。在最好的情况下，持续进行的过程是一场完整、健康、和谐、复杂的运动交响乐，在通往新事物的道路上，它总是在某种程度上处于不平衡状态。当这个过程停止时，这个系统就停止了，但在开始和结束之间的中间阶段，对适应性的寻求仍在继续，有时它会以惊人的洞察力和激进的突破为标志。

这是有代价的。随着自组织过程的进行，混乱和困惑的强大力量发挥了作用，而冲突使结果变得更平滑和精练——为新方法打开了新的空间。所有这些对于一个真正高效的自组织系统的完整生命来说，都是必要的和不可分割的，但它们都无法脱离痛苦。我们该如何处理这种痛苦，尤其是随着旧的、熟悉的生活模式消失而带来的结束的痛苦呢？

有一种方式，叫作“悲伤疗法”（Griefwork），它与人类历史一样悠久，似乎已经根植于我们的内心。而且可以肯定的是，它不是心理学家、心理治疗师或悲伤咨询师在现代的发明。

最初对“悲伤疗法”的发现和描述，可能要归功于伊丽莎白·库伯勒·罗斯（Elisabeth Kübler-Ross）[①] 的重要著作，她把死亡和悲伤的秘密公开了，帮助我们理解当我们面对自己的死亡或亲人的死亡时，悲伤发挥作用的基本机制。

我在自己工作的领域了解到，“悲伤疗法”的过程不仅在个人层面上，而且在组织层面上也都是这样运转的。[②] 每当我们生命中的某些重要方面终止或接近终止时，它就会起作用。

总之，在所有混乱、困惑和冲突发挥重要作用的时刻，“悲伤疗法”24 小时 ×7 日都会存在，从而使我们的自组织系统（我们和我们的组织）能够找到通往高绩效的路径。“悲伤疗法”的过程并非没有痛苦，但它确实无情地引导着我们从结束的那一刻走向重生的黎明，我们只需要跟随它。

---

① Ross, E.K. *On Death and Dying*. Collier Book, 1969.

② Owen, Harrison. *Spirit: Transformation and Development in Organizations*. Abbott Publishing, 1987, p. 104ff.
那些熟悉库伯勒·罗斯著作的人会注意到，我修改了一些措辞，并增加了一些阶段。这些变化反映了我自己对个人和组织的观察，以及我个人的“悲伤疗法”的经历。——作者注

在某些人看来，这里引入“悲伤疗法”似乎与我们对人类系统的自组织过程和高绩效的讨论脱节。但我相信，“悲伤疗法”是这一过程中必不可少的一部分，它对人类系统领域发挥全部功能是必不可少的。总之，“悲伤疗法”代表了人类系统对自组织条件的自适应，无论是个人的还是集体的。这种自适应的初始因素就是对痛苦和死亡的认识或记忆。

在其他领域，如原子、分子和低等生命形式中，当自组织起作用时，混乱、困惑和冲突的力量就会时刻运转。事物的来来去去也是事实，它们不断地结束或死亡。人类与其不同之处在于，人类有意识。我们记得痛苦，我们知道我们将会死去。①

对痛苦的记忆和对死亡的认识，会对自组织过程和（人类）进化过程产生不利影响。简单的事实是，我们都竭尽全力避免痛苦和死亡，这是可以理解的，但从我们自身的进化和实现更高水平绩效的可能性来看，代价也是非常昂贵的。

通常的术语是“风险规避”（Risk Avoidance）。在实践中，我们努力待在受保护的地方和已知的领土上。也许这一切都是可以理解的，但它也有一个不良的后果，即拖延进程，它从根本上阻止了我们探索新的可能性。

如果我们能够以某种方式重新配置这个过程，以消除混乱、

① 意识在多大程度上延伸到宇宙的所有层面，是我想要避免讨论的。很明显，动物会记得痛苦，而一些高级灵长类动物似乎会悲伤。这是否代表“意识”，我留给别人来决定。然而，我确实记得我的痛苦，我知道我会死。据我所知，所有的智人同胞也同样如此。——作者注

困惑、冲突、结束和死亡，我们可能会摆脱痛苦，进入永恒的进化。这是个好主意，但我觉得不太可能。另一种选择是创建有效的方式，来处理痛苦和死亡，而这正是“悲伤疗法”要实现的。

“悲伤疗法”与人类的代谢系统在功能上有某些相似之处。人类代谢系统的工作就是安全地清除生命的有毒副产品，即日常生活中产生的“燃烧过的燃料”（The Spent Fuel），“悲伤疗法”对我们的精神和情感生活起着同样的作用。

我们在精神上用故事和理论来解释世界上发生的事情。在某种程度上，它们是真正的解释，我们变得非常依恋它们。当世界再次改变的那一天来临时，我们发现自以为了解和理解的一切都是错的，于是“悲伤疗法”开始了。这可能不是一件令人愉快的事情，但在最后，我们通常会想出一些更好的故事或理论。

我们的情感依恋也会发生类似的事情，尤其是当这些依恋将我们与他人联系在一起的时候。一段关系的结束，即使是一段短暂的关系，也不可避免地会带来创伤。但对大多数人来说，大多数时候，失去的爱只是为我们未来更伟大、更深的爱开辟了道路，而“悲伤疗法”会让我们到达那里。

我为可能不当的表达表示道歉，“悲伤疗法”冲洗了我们的系统，删除了陈旧的想法和失败关系的碎片，从而为我们的未来清理了甲板。正是“悲伤疗法”通过消除组织和个人生活的毒素，才确保了我们企业的持续和健康发展。

正如前面所说的，高绩效系统不能以“损害自身或周围的环境”为代价来维持，而“悲伤疗法”会清理这个被损害的环境，就像我们的代谢系统一样，它通常在无意识的情况下自己工作。

“悲伤疗法”的过程

“悲伤疗法”在结束（或者结束出现征兆时）的那一刻开始运作。这里说的“结束”可能是最终的，比如我们生命的终结，与我们相关的某个组织生命的终结；或者一些不那么重大的事情，比如一个受欢迎的理论、想法、项目或产品的终结。

在结束的那一刻，甚至是结束出现征兆的那一刻，“悲伤疗法”就开始了。它的开始完全是自动的，各个阶段的进展完全是预先设定的。总而言之，它基本上是靠自己工作的。我们没有发明它，当然也不能控制它，但随着我们逐步了解它是什么以及它是如何工作的，我们可以帮助自己和同伴走过这个过程。

震惊和愤怒

当结束到来时，或者当结束明显地即将来临的时候，第一阶段的“悲伤疗法”就开始了。就像身体的自主反应一样，这个过程无须思考就能完成，它表现为震惊和愤怒。

“悲伤疗法”第一阶段的影响更多是生理上而不是心理上的，因为那些处于严重压力中的人面临的最直接问题就是身体休克，在这种情况下，身体机能，特别是呼吸，往往变得不稳定。当你停止呼吸或呼吸困难时，情况就很不乐观了。

然而，所有这一切都会随着第一声“哦，该死的”而迅速、自动地得到缓解。当你说“哦”的时候，不可避免地会吸气；当你说“该死的”的时候，你的呼吸就会爆发出来。这听起来可能有点粗鲁，但每次都很有效。病人又有呼吸了！

在正常情况下，第一阶段的“悲伤疗法”完成了基本任务——确保病人有呼吸。因此，这是一项紧急救助措施，但作为一项长期策略，有明显的缺点。

通常，这个最初的阶段会过渡到下一阶段，然而它也有可能停滞不前。我们都知道，有些人的生命会被无休止的震惊和愤怒所消耗。这些人被引导过着仿佛被囚禁的恐怖生活，仅仅是因为他们从来没有被给予空间或时间来让震惊和愤怒释放出来。幸运的是，我们大多数人都进入了下一阶段——否认。

否认

第二阶段——否认，这可能会激怒旁观者，因为看起来那些处于痛苦之中的人是在拒绝面对现实，并不断重复避开真实情况的言论和行动。他们表现得好像创伤从未发生过一样。因工厂倒闭而失去生计的工人们，继续出现在工厂，但他们再也没有工作可做了。在交谈中，他们会不停地谈论过去，坚定地拒绝承认现状，并拒绝走向未来。这种情况一遍又一遍地发生着。

我们很容易把这些谈话看成是完全的浪费时间，因为洒出的牛奶肯定不会再回到瓶子里了。当然这是真的，但它也忽略了否认对治愈过程所起的重要作用。否认可能被比作包扎新伤口的绷带，或者是对严重身体创伤的麻醉。

事实上，不管它是什么（破裂的婚姻、关闭的工厂、被推翻的政府、分裂的国家），结束都是极其痛苦的。如此痛苦，以至于没有干净的绷带或麻醉的保护，呼吸就会被夺走，让人重新回到先前的震惊和愤怒的状态。否认给了你喘息的空间和时间。

长期来看，否认绝不是成功的生活策略，尽管我们都知道，有些人过着“否认”的生活。可悲的事实是，生命似乎在结束的那一刻就停止了。在那一刻之前发生的一切都被无限地回顾，充满了“如果”和“本来可以”的完美措施。而事实上，没有任何东西可以改变，但这一事实被完全忽视了。

然而，对我们大多数人来说，只要有足够的时间和空间，“悲伤疗法”的“否认”阶段终究会过去。这是一个不能匆忙进行或绕过去的过程，每个人都会有不同的进展速度，但当这个过程开始时，就会进入下一个新的阶段，我称之为——回忆。

回忆

刚开始的时候，回忆几乎和前一阶段没有区别，只是再一次无休止地讲故事，所有这些都与过去有关。故事以一种重复、循环的方式讲述，从结束的那一刻开始，在时间上向后延伸，在空间上向外延伸，最终包括所有受到事件重大影响的人。

例如，在国家遭受创伤的时刻，如肯尼迪遇刺，或纽约双子塔的毁灭，每个受影响的人都会清楚地记得，在那个关键时刻，他在哪里，做了什么，在接下来的时间里感觉怎样。这些故事被一遍又一遍地讲述着，无穷无尽，但目的是什么呢？

否认和回忆之间的主要区别是情绪上的根本变化，这是由于人们越来越理解和接受不可想象的事情已经发生的事实。否认能让人们避免承受瞬间的全部痛苦，而回忆却能让他们置身其中。这种看似无穷无尽的故事讲述有着深刻而积极的目的。

随着故事的循环讲述，生活中越来越多的方面与改变了的现实重新联系起来。你可能会认为你的企业会永远存在下去，但这已不再是事实了，许多曾经依赖于这种假设的希望和抱负现在都被否定了，或者被彻底改变了。

讲故事还有另一个重要作用。随着往事被回忆，那些重要的时刻和人物就会成为焦点，这是一个评估和加深理解的过程，真正的英雄因为他们的贡献而受到尊敬。“回忆”构成了彻底反思的时刻，在这一刻，我们承认过去，并为未来做准备。然而，在完全投入到未来之前，还必须经过另外两个阶段，其中可能包括人类经历中最深刻的时刻，我把这两个阶段称为“绝望”和“开放空间”。

绝望

在人类的经历中，当然也是在我的经历中，我完全不知道有什么是比绝望更伤人的。当所有的回忆都已逝去，故事都已诉说完毕时，只剩下冰冷的现实结局。以现在已经结束的工作、婚姻、事业为基础的未来计划——都将作废。与配偶共度美好时光的希望，一家已破产的企业为孩子们提供的教育基金，一个破产国家提供的保障……全都消失了。他们什么都没有了。

更糟糕的是，绝望是不可避免的，你不能倒退回去。绝望像一个无法移动的黑点，挡住了光线，给生活的方方面面投下了阴影。

对于我们大多数人来说，都会有这样一个时刻：极度的绝望使我们别无选择，只能朝着唯一的方向前进，径直地走向绝望，然后穿越它。我不知道确切的机制是什么，也不知道它们是如何工作的，但当我们跳进这个怪兽的肚子时可以发现，它的另一面有光。

事实也证明，我们的痛苦在很大程度上是由自己造成的，是我们为了抓住已经消逝的东西而付出的可以理解但徒劳无功的努力造成的。在我们放手的那一刻，痛苦就停止了，我们发现自己处于一种筋疲力尽但平静的状态。

我常想，“悲伤疗法”的过程与出生的过程是相似的。权威人士告诉我，分娩是分阶段进行的，每一个阶段都比前一个阶段更痛苦，最后一个阶段绝对是最糟糕的，但这也是最好的时刻，因为那是分娩的时刻。

不要轻视这一切，从婴儿的角度来看，出生的前景是很难吸引人的。一个温暖、有庇护的环境，能持续地提供营养和废物清除的服务，即将由一个完全未知的世界替代。而现在的状态和未来的情况之间是一个危险的旅程，要通过一个黑暗的隧道，就像挤牙膏一样，从管子里被挤出来。没有一个头脑正常的人会选择这样的命运——除非别无选择。

绝望是分娩过程的最后一刻，但不是新生婴儿的最后一刻，而是新生活或生活方式开始的时刻。这确实是一场惊心动魄的斗争，选择是如此残酷，以至于根本没有选择可言。我们可以忍受剧烈的疼痛，至少理论上是这样的。我们终于放手了，我们准备好继续前行了。

开放空间[①]

绝望另一边的直接体验是筋疲力尽的宁静。在最后一次放下一切的时候，一段漫长的沉默开始了。就我个人而言，我发现这样一个时刻具有一种永恒的、非凡的品质，它从最初激发

① 我在这种情况下使用“开放空间”一词可能会让人感到困惑，如果你一直留意的话，会发现我使用“开放空间”一词指的是三个不同的东西：开放空间技术、我们生活中的开放空间，以及“悲伤疗法”循环的一个关键部分。这种用法是有意为之的，因为我认为它们都是紧密相关的。作为一个历史问题，第一个用法就是“悲伤疗法”。当OST出现时，我称它为“开放空间”，因为在这种简单的会议方法中发生了很多相同的事情，就像在“悲伤疗法”循环中发生的那样。

的一种解脱的感觉过渡到一种期待的感觉。这里有一个开放的空间，生活中的一片空地，什么都不存在，但一切又都有可能。

我总是有一种强烈的渴望，想要停留在这一刻，享受这一切的永恒。没有紧迫感，什么事情也不做，哪里也不想去。现在已经结束的工作、关系或生活方式的需求和限制都消失了。

很明显，这段时间是一个选择的时刻。一个人可以选择保持一种快乐的假死状态，有些人会选择这个选项，或者，也可以选择继续前进，寻求实现一切的无限的可能性。没有任何议程，所有的路径都是开放的。当然，这并不能保证一定成功，因为毫无疑问，其中一些（甚至所有）路径将进入死胡同，但这也是一种选择。

做出这样一种选择通常是为了回应一个问题，这个问题很简单，却有着深刻的含义：你打算如何度过你的余生？

如果我们选择继续前进，那么随之而来的是简单的四个字——我想知道。我想知道我能不能找到新工作、新搭档、新家园、新的生活方式。当奇迹和想象同时出现时，愿景的空间就打开了。

愿景

出现的愿景可能是温和的或有远见的。如果愿景仅仅是回归正常，那么我们将努力快速恢复旧的关系和旧的模式，或者找到与之相似的东西。显然，这种方法在一定程度上是比较舒适的，但也牺牲了可能的成长和探索。

找一份和以前类似的工作有一个好处，那就是花最少的时间和精力就能“把食物摆上餐桌”。然而，有人可能会问，它是否真的会提供机会以实现内心未实现的东西。

当人们做出选择并形成愿景时，很少会有清晰的陈述和要点。根据我自己的经验来看，这根本不像是一个选择，而更像是一种冲动，因为缺乏精确性而变得更加神秘。

与一些理想化的生活计划相比，这种愿景显得混乱，其包含的更多是感觉而不是内容，但它有一个主要的优势：它是强大的，是动力的源泉，能让你从旧的生活方式走向全新的生活方式，当然这一点不能保证。愿景能够吸引你的注意力，并结合现实生活中所必需的内在逻辑和内容。随之而来的绝对是个好消息——生命重获新生，并走向未来。

对“悲伤疗法”循环的思考

“悲伤疗法”是人类系统自组织过程中必不可少的一部分，它几乎完全靠自己运作。如果用更正式的科学语言来描述，“悲伤疗法”能够使我们穿过混乱，进入更高层次的复杂层面，对我们环境中不断变化的条件做出更充分的反应。其净效应是改善绩效。但是，如果“悲伤疗法”可以自行发挥作用，那为什么我们仍时常处于混乱之中呢？这里面似乎有什么东西在进行扰乱。

第8章

断扰

如果高绩效是一个功能良好的自组织系统的自然状态，而自组织的副产品被“悲伤疗法”有效地清除了，那么问题出在哪里呢？按理说，我们只需要在“悲伤疗法”的帮助下，允许自组织发挥基本的力量来完成工作，那么高绩效就在我们的掌握之中了，但是，似乎每时每刻，在某些地方都有什么东西在进行扰乱。

谜团的线索就在“允许”这个词，比如“我们只需要允许自组织的基本力量……去做它的工作”。问题在于，对许多人来说，自组织根本不适用于人类系统的美妙世界。即使看到自组织在工作中（如在非正式系统中）的强大应用，也会认为其结果充其量只是奇怪的反常现象，或者是确定的偏差，需要纠正或消除。毕竟，正在发生的事情并不是计划的一部分，而且超出了控制的绝对范围。总而言之，这一切都与控制有关——它的存在、缺失、失去以及真实的状态。

在20年的开放空间技术实验中，我们体会到了一件非常痛苦的事，那就是控制的需要，以及每一次试图控制的尝试，这都是非常有问题的。

事实证明，只有一种方法可以确保开放空间技术不能工作，或者不能非常有效地工作，那就是让某人（引导者或参与者）负责这件事。通常情况下，当人们在思考那些被官方判定为不可想象的想法，思考那些绝对不能做的事情，以一种吵闹和争论的方式暴露长期酝酿的冲突，或者只是在寻开心时，这种情况就会出现。

当然，每个人都知道，只有在极其严肃的态度下才能完成这项工作。无论最初的情况是什么，总有人会得出这样的结论：秩序必须被恢复，是时候接管了。当这样的时刻到来时，事态就会出现一个明显的波折，有时会导致整件事情脱轨，但据推测，这一切都是有原因的。毕竟，如果事情继续失控，结果将是一场灾难。也许吧！

值得注意的是，我从未见过参与者的困惑程度（来自冲突、乐趣或其他来源）超过他们的有效处理能力，更重要的是，他们能够从中学到东西。在任何情况下，人们都能找到一种富有成效的和相互尊重的方式来应对当前的处境。

扰乱：控制的需要

人们可能认为控制是万恶之源。然而，问题不在于控制本身，而在于对控制的理解，这种理解似乎渗透到了大多数组织和机构中。

当控制被认为是一个人或少数人的财产时，通过它，许多人被引导（或被迫）进入正确的提高效率、有效性和高绩效的途径，这时我认为我们真的有麻烦了。

当这种控制的观点被制度化为正式的领导时，这种情况的不利影响就会加剧，而领导者则居于统治的顶层。在这一点上，领导等同于控制，而控制集中在领导者手中。这里有三个问题：首先，这种控制从未发生过；其次，它不起作用；最后，仅仅是尝试让它起作用，就可能造成巨大的损害。

它从未发生

一些高管渴望拥有的那种控制，根本就不会发生。当有人说“我完全控制了”的时候，你就知道他们要么得了妄想症，要么沉溺于某种管制药物。

这种控制永远都不会发生，原因非常简单而直接。绝对控制需要对所有可能性的完全了解，以及一个完全密封的系统。在这个系统中，没有行政许可，任何事情都不能改变。

地球上没有一个人可能拥有这样的知识，即使是一群非常聪明的人（专家）。因为即使在一个相当简单的系统中，其复杂性和多样性的程度也是如此巨大。当然，这个系统从来都不是封闭的，相邻的环境总是在相互渗透，不管是否有行政许可。

它不起作用

显而易见，不存在的东西几乎没有成功的机会，但这并不妨碍许多人去尝试。仅仅是试图施加控制，就会对系统功能产生不利影响。这不是一个道德或伦理的问题，控制本身并不是一件坏事，然而，当控制是外部的和专制的时候，问题就出现了。

外部，从这个意义上说，它是从系统的外部强加的，如当领导者尝试重组系统的艰巨任务时。专制是指，控制的性质和形式是由行政命令决定的，而不是由系统内部的、自然的过程决定的。

有时候，外部的和主观的控制似乎会起作用，但我认为，这只是一种偶然性的关联，因为系统完全是独立运行的。更常见的情况是，新的组织设计几乎没有什么明显的效果，或许只是给旧职能换一个名字而已，正如老员工观察到的那样，一切还是老样子。

当变革爆发时，在组织生活中就会出现这种时刻，此时似乎选择是有限的。一位高管可能会有理由得出这样的结论：除了动用一切权力和明显的控制来平息混乱之外，别无选择。

这场权力游戏其实是一场绝望的游戏。杰克·蔡斯（Jack Chase）是我遇到过的最好的高管之一，他是退伍军人管理局的首席医疗主任。而退伍军人管理局是一个拥有 250 000 名雇员的政府机构。

在我认识他并和他一起工作的几年里，我从未见过或听说过他赤裸裸地使用他所拥有的相当大的权力。有一天我问他这件事，他承认他曾经有过被迫使用权力的时候，然而他说：“我一直认为这种时候我在领导上是失败的。”

杰克·蔡斯清楚，当他热情、坚决地试图获得控制权时，严重的问题就会出现。这种问题不仅仅是在绝望的时刻会出现，如果把控制作为一种日常的操作方式的话，情况会变得更糟。在这些情况下，当领导者试图将野兽摔在地上，用手臂抱住它，并将自己的意志强加于反抗组织时，“战争”就爆发了。这是真正的控制！

所有的战争都会有赢家和输家。有时候，每个人都是输家。如果输家是领导者，他无疑会退下来，舔舔伤口，思考他到底做错了什么——除非他被免职。他可能永远也不会想到，这项任务从一开始就是不可能完成的。

如果你询问这位领导，毫无疑问，你会发现他正在尽其所能地运用系统设计、员工激励和管理技巧等方面最先进的思想。如果你问他目标是什么，答案很可能是：卓越的表现和高绩效。

然而，至少在我看来，你越努力，事情就越糟。以质量和绩效的名义，控制被层层叠加，通过控制者来控制被控制的对象，以此类推，沿着食物链向下延伸。如果目标是一个真正高绩效的系统，那么按照正在走的路，我们不太可能到达目的地。

在本书开头引用的一篇短文中，彼得·维尔似乎也有类似的担忧。他问道：

“我们正在以这样一种方式管理我们的组织，这种管理方式在多大程度上阻止了高绩效的出现？我们信奉高绩效的哲学，我们的管理文献中也充满了这一点，但是我们是否能以这样一种方式来进行管理和领导，最终达到高绩效呢？”

你应该不会感到惊讶，我对彼得·维尔这个纠结的问题的答案是——不！但我认为，这不仅仅是管理和领导风格的问题，更根本的是对这些风格背后的“组织”的理解。

直言不讳地说，把自组织系统理解为我们所组织的某种东西，这是一种重大误解。如果说，确实不存在非自组织系统，那么我们在组织（对结构和控制的实施进行的解读）上的努力充其量就是无谓的。最糟糕的是，它还代表了“扰乱”。

它会造成很大的损害

通过比较在一般开放空间聚会中发现的各种行为和经历，可以看出，以往管理方式已经造成损害的程度，或潜在造成损害的程度。自组织就是开放空间聚会中的秩序——也可以被称为“典型的指挥和控制”组织。我承认这有点夸张，但如果真相是这样的，那就顺其自然吧。

解脱

那么，我们如何才能摆脱目前的困境呢？前进的道路并不在于消除控制，因为控制对所有人类系统来说都是必不可少的。相反，我们要释放对于控制的需要以及满足这种需要的尝试。一切都是关于“放手”（Letting Go）但不是“放弃”（Giving Up）！

事实上，我们可以做很多事情来增强我们系统的功能，并实现真正的高绩效，但是这一切都与设计系统或控制系统无关。组织设计及其内在控制都是突发的，它们几乎会自己发生。但是我们可以创造条件，使这种情况更可能以某种积极而富有成效的方式发生。此外，我们还需要进行一些基本的维护和支持，可以称之为“自组织系统的培育和滋养”（The Care and Feeding of Self-Organizing Systems）。最后，我们可以通过学习利用自组织的力量来体验成就（高绩效）。

就像冲浪者一样，他们必须明白自己永远无法掌控海浪，但是他们有能力优雅地乘浪，希望我们也能如此，找到我们所寻求的高绩效。简言之，我们可以成为熟练而有效的“乘浪者”。

THE WAVE
RIDER'S
GUIDE TO THE
FUTURE

第二部分

“乘浪者”培育指南

如果将以下内容视为“乘浪者”培育指南的最终版本，那就大错特错了。那本书还有待编写，但我相信你一开始会发现足够多的指导材料，所有这些材料都是以实用的、循序渐进的方式呈现出来的。从基本的思维转换开始（这是看世界的必要条件，作为一名“乘浪者”必须看到它）成为“乘浪者”需要通过八个基本步骤。我试图解决基本的问题：成为一名“乘浪者”意味着什么？“乘浪者”要做什么？“培育指南”的后续版本可能会描述十个步骤或七个步骤，但这段旅程就像所有旅程一样，要从第一步开始。

第 9 章

成为“乘浪者”与“自组织”

从现在开始，我们的任务就是应用我们所学到的关于自组织系统的知识，以及有意识地启动和维持这些系统的方法。目标是提高我们的组织和个人生活的绩效水平。

简单地说，当你想要更好的绩效时，就会想到开放空间。这不光是简单地做一次开放空间活动，尽管在某些情况下这可能是合适的方法。

相反，它是在各种情况和条件下空间的持续开放。有了足够的空间，自组织的自然力量就会发挥作用，且不仅仅是在“一次事件”的限定条件下，而是在每时每刻发挥作用。

虽然有许多事情可以用来支持高绩效目标的实现，但没有一件事情是把选择自组织作为一种工作方法的。这种选择在数十亿年前就做出了，从那一刻起，所有的系统都是自组织的，包括我们自己的系统。

事实上，我们都认识到生活中的这一事实，即我们只是凭直觉参与非正式沟通系统。我们都这样做，但很谨慎，而且通常伴有一种罪恶感，似乎我们没有遵守既定的规则。谁还没有听到过一段让我们采取某种有效行动的“好的流言蜚语”呢？

然而，我们可以避免这种罪恶感和“寻找露西”的秘密任务。另一种选择是有意识地让我们自己与自组织的基本力量保持一致，并利用它的力量来支持我们的目标。

起点：思维转换

这一切都始于一种开放的思维，真正允许思维转换的思维。思维转换就像我们熟悉的“图形 / 背景”① 的互换，在这种情况下，图形就是正式（被组织的）系统，而背景就是非正式（自组织的）系统。

对于大多数人来说，只要我们还记得，在所有的组织结构图和程序手册中描述的正式系统一直都是主导形象，而非正式（自组织的）系统一直都处于模糊的背景中。

事实上，在大多数情况下，背景是如此微弱，以至于不容易被注意到，或者即使被注意到了，也会被忽视。我们都知道这个系统的本质，以及它是如何变成这样的，现在我们需要转换。

---

① 图形–背景理论是格式塔心理学的重要理论，即“在一个具有一定配置的场内，有些对象突出来形成易于被感知的图形，而其他对象则退居次要地位成为背景”。——译者注

在我们的思维中，那些被认为是边缘的和无关紧要的东西，需要被转移到主导地位。总之，这完全是自组织的，不是一点点，也不是处于边缘地带，而是从上到下，从头到尾。

这让我想起了一个古老的故事，一个国王去找他的智者，问他：“我的王国建立在什么之上？”智者回答说：“它在一头凶猛的狮子背上，陛下。”“狮子站在什么上面？”“哦，陛下，狮子站在大象宽阔的背上。”“我明白了，”国王说，“那大象站在什么上面？”“一只乌龟上，陛下。”“那乌龟呢？”“哦，陛下，下面全是乌龟。”这就是隐喻的切换——完全是自组织的。

图形与背景的互换对许多人来说是困难的，对一些人来说甚至是不可能的。尽管我们尽了最大的努力，但是昔日占主导的图形还是重新回到了主导地位。如果这是你的经历，我相信你至少可以通过“思维实验”的方式开始这个转换过程。

与任何思想实验一样，这个实验的力量和效用只有在测试时才会显现出来（或不显现出来）。例如，以前的反常现象，如果不是在细节上，那么至少体现在形式和功能上，现在是否几乎可以预测了？如果你突然发现周围的神秘事物似乎不那么神秘了，比如在奇怪的地点和时间出现的高绩效，现在变得自然而不那么奇怪了，出现这些变化很可能是因为新的观点发生了作用。

对我来说，最明显的例子是在做开放空间的这天，在这一天，不可能的人在极端的时间内做到了不可能的事情，这似乎成了一种惯例。

一方面，从正式系统主导的角度来看，这样的经历至少是值得怀疑的，也可能是违反规则和不道德的。另一方面，建议转换思维的好处是，在开放空间活动中发生的事情变得可以理解了，甚至是可以预测了。

如果你经历过开放空间技术，那么前面讲到的 850 万纽约人在无人负责的情况下普遍吃得很好的奇怪事实，以及一些诸如此类的特别的事情，可能都算不上是奇迹。

如果纽约食物供应系统的有效性对你来说还不太易于理解的话，你可以回想那些在面对正式系统时彻底沮丧的经历。只有当你和你的同事想出聪明的变通办法时，才会有拯救之道。

当贪婪的正式系统要把失败从成功的牙缝中抢走时，那些历史悠久的非正式系统才会出现。然后，你就可以很好地理解这个非正式系统了，而且离建议的背景转换时刻也不太远了。欢迎来到背景世界——自组织系统的世界！

无论你是如何到达那里的，这种转换都至关重要。人们很少关心自组织系统，直到它被承认，但比承认更重要的是，要给予它优先地位。

自组织为我们所做的一切提供了背景和环境，即使在我们非常努力地组织某个项目的情况下，一旦它离开我们的手，它就变成了这个自组织世界的一部分，这不是一个选择的问题，也不是一个关于变成一个自组织系统的问题，自组织就是我们自己，而且一直都是。

三条注意事项

当我们在自组织世界中前进的时候，有三条简单的注意事项将会对你有帮助。这三条注意事项是：第一，永远不要比你必须做的做得更努力；第二，没坏就不要修；第三，在任何时候，绝对不要认为你是负责人。

永远不要比你必须做的做得更努力。我们是工作狂，当没有什么东西需要修理的时候，内疚感会驱使我们编造新的问题，寻找更多破碎的东西。

作为生活的一条规则，这种方法对某些事情是有效的，但是在自组织的世界中，这可能会让事情变得更加困难。此外，组织一个自组织系统，不仅矛盾，而且很可能会造成混乱。这种可悲的低效率浪费了“精力”资源，而“精力”资源是有效维持和最大化自组织系统（我们是其中的一部分）的影响所必需的。

没坏就不要修。这句名言是来自伟大的缅因州的深邃智慧，它朴素的外表掩盖了其深刻的实用性。目前，我们被提醒在考虑改进之前，要花一些时间来欣赏我们所遇到的人类系统的实际运作。在大多数情况下，我们会发现系统有它自己的内在智慧，会随着时间的推移而不断进化，能够与环境适应。

系统智慧起作用的一个绝妙例子就是非正式沟通系统——“露西”和她朋友们的“家”。通常这种沟通系统点以贬义的方式被提及（八卦、办公室电台），经常被当权者压制，但这个系统实际上是一个沟通的奇迹。现在，是时候和“露西”交朋友了！

几年前，一个客户带着他所说的“沟通问题”来找我。似乎是信息没有传达出去。一到他的办公地点，我就问了一个简单的问题：“最近一个坏消息从公司的一端传到另一端花了多长时间？”

答案的范围从“一天”（来自当时不在办公室的那些人的回答）到“瞬间”（来自“露西”圈的那些人的普遍答复）。我与客户分享的结论是：沟通系统运行得很好，但内容上可能存在一些问题。

我承认我的结论可能有些轻率，但我认为这是有意义的。我们是否能够有效地利用非正式沟通系统——把有用的信息以接近光速的速度传递？

值得注意的是，尽管我们尽最大努力对其进行压制，但非正式系统仍在继续运作。更重要的是，当谈到“消息来源的可靠性”时，茶水间的八卦每次都胜过官方备忘录，因为“每个人都知道”。

因此，与其和非正式系统对抗，我们也许应该更好地学会顺其自然。也许事情不会像我们期望的那样发生，或者像所有书中告诉我们的那样发生，但是如果它在运作，那就让它运作好了——没坏就别修。

在任何时候，绝对不要认为你是负责人。最后一条注意事项也是最重要的。鉴于我们的教育和生活经历，负责和控制已经占据了主导位置。例如，一个典型的员工评估表会问三个主要问题：你控制多少个人？你控制得如何？你这样做多久了？

如果答案是：控制很多人，完全地控制，很长时间，你显然配得上高管办公室和首席执行官的头衔。当然，失去控制就意味着失去工作，但在自组织的世界中，我们所理解的控制是不可能发生的，更糟糕的是，仅仅是努力尝试建立这种控制，都会适得其反，而且往往会导致灾难。

对我们大多数人来说，前面有一条陡峭的学习曲线。记住这条忠告，我们将会远离这个麻烦不断的世界。

为了高绩效请开放空间

如果说我们在过去与开放空间技术一起工作的 22 年中学到了什么的话，那就是：当绩效下降或需要提高时，就选择开放空间。

这意味着，使用这种行之有效的方法，邀请所有关心当前问题的人围坐在一起，创建一个公告栏，开放集市，然后开始运作。我们还学到，“魔法”不是方法本身，而是自组织的基本力量。虽然开放空间技术确实有能力释放自组织的力量，但它显然不是唯一的途径。

早在开放空间技术创立之前，自组织就已经存在了，并且很好地完成了它的工作。因此，当我们将注意力从单一事件的有限范围，扩大到日常更大的组织世界时，去掉开放空间技术这个中间环节，并简单地应用所学到的经验，似乎是合理的。

培育自组织系统的八个基本步骤

在开放空间技术实验的指导下，通过仔细关注这八个关键步骤，就可以实现和维持自组织。也许还有更多或更少的步骤，这取决于你如何看，但下面这八个要点已经证明了它们的价值。

一、开始之前做好功课。

二、发出邀请。

三、来到圆圈。

四、欢迎热情、负责和真正的领导。

五、记住四大原则。

六、遵守双脚法则。

七、保持“悲伤疗法”。

八、使系统正式化。

第 10 章

第一步
开始之前做好功课

在开始任何旅程之前，先考虑一下你想去哪里，为什么想去那里，以及沿途会发生些什么是很有用的。启动（或更新）一个组织，特别是一个高绩效的组织，是一场不同的旅程，但所有的先决条件都是相同的。

在旧的规则下，我们可能会将这一旅程称为“创建一个商业计划”。但计划有一种令人遗憾的内涵，即计划是将被执行的东西，在极端的情况下，这意味着计划以某种方式创造了未来。

考虑到自组织系统的本质，这种“未来是由我们的计划创造”的想法有点荒谬。因此，如果我们必须把我们努力的成果称为什么的话，我建议叫它“商业意图”。

你想去哪里？也可以这样问：你真正关心的是什么？你所追求的目标或大或小（一项全新的业务或一些相对较小的改进），除非弄清楚其本质，否则实现目标的可能性是相当小的。

但弄清本质只是胜利方程的一部分，还必须辅之以关心。如果你的目标只是提一个让其他人觉得有吸引力的好主意，那么它就只会停留在“好主意”的水平上，直到它到你的心中，才会对你有意义。

当弄清本质和关心结合在一起时,你就可以准备好开始了。然而，如果两者缺少任意一个或者两者都没有，那么你还不应该开始这段旅程。

你为什么想去那里？或者换个说法，如果你达到了目的，会发生什么？会实现什么？会有什么不同？这是一个更加明确你的意图和期望的机会。当然，如果结果是什么都不会发生，没有任何改变，这将是停在原地的一个很好且充分的理由。

在这一过程中会发生什么？假设到目前为止，你的评价是积极的，你对你的目的地很清楚、很坚定，并且相信它会有所不同，那么下一步显然是考虑旅程中你需要什么。在这一点上，我们来看看实际情况：资金、物质资源，以及最重要的——人员，谁应该被邀请加入你的这次冒险？

很明显，我们的需求列表可能很长，而且准备它所需要的时间确实很长。然而，如果我们不小心的话，可能会发现自己处于一种可怕的状态中，这一状态被称为“分析性麻痹”（Paralysis by Analysis）。当我们准备清单和图表时，我们所看到的大好机会可能就消失了。雪上加霜的是，我们似乎忘记了一个最重要的因素——如何才能组织起来？根据旧的规则，在组织设计到位之前，绝对不会发生任何有意义的事情。我们甚至还没有考虑过那个关键的设计！

在这一点上，我们到了一个非常有趣的时刻。在自组织系统的世界里（我相信这是我们唯一拥有的世界），组织将会出现（或不出现），我们在组织方面付出的任何努力都不会产生任何有用的效果。在最好的情况下，我们的努力将是浪费时间。在最坏的情况下，当我们试图将自己的设计强加于新兴系统时，将会产生灾难性的影响，但问题依然存在，我们真的能相信这个过程吗？

对这个问题的回答很简单，我们没有任何选择，更糟糕的是，我们不保证一定能成功。对于那些饱受风险规避之苦的人来说，这可不是一个令人愉快的时刻。然而，从下面几点考虑，可能会使这种情况更容易被接受。其中最主要的是，设计过程中的这个阶段，能获得的承诺的资源非常有限，甚至不存在（我们的风险敞口）。当然，我们的自尊心可能会受到影响，毕竟这是我们的项目，但是钱包是安全的。

第二个需要考虑的问题是，在行进的过程中，有关键的“前进 / 不前进”选择点，随着选择点的不断出现，需要投入的资源也越来越多。然而，如果选择“不前进”，那么故事就差不多结束了。

假设我们在真正开始之前不选择停止，那么下一步就是开始集中新兴系统成长可能需要的元素。这与资金和设备没有什么关系，一切都是关于人的。问题是，谁应该被邀请加入我们的冒险？我们需要一份嘉宾名单，包括常规的相关人员、熟悉的同行和同事、公认的专家和潜在资助者。不仅如此，在理想的情况下，我们应该邀请所有关心此事的人加入我们。

第 11 章

第二步
发出邀请

人类系统中有效的自组织，始于对真正的邀请做出的自愿的自我选择。这与常见做法形成了鲜明的对比——经理通过识别所需要的人员并将其分配到项目中，虽然这对传统组织的本质理解是有意义的，但它是自组织的直接对立面。

真正的邀请是可以被拒绝的。如果这种邀请本质上是一种含蓄的命令的话，空间就会封闭，完全自组织的可能性也会减少。人们可能会想到一个老笑话：经理说，我需要四个志愿者，你、你、你，还有你！那不是邀请！

真正的邀请是有一定风险的，毕竟，人们可能会选择不来。但它也带来了一个真正的好处，因为它确保了那些来的人确实是因为关心而来。在任何项目中，关心或个人承诺，都是取得卓越绩效的关键因素，这就是参与者的热情。

持怀疑态度的人可能会说，如果每个人都只做他们想做的事，那么几乎什么事也做不成。但是，如果你对参与的最近一个指定项目的真实情况进行简短的反思，你可能会得出一个截然不同的结论。

假设经理 X 刚刚分配了五个人来启动项目 Y，然而，项目启动后，问问你自己，到底是谁做了所有的工作？在被分配的五个人中，很可能只有两个人承担了任务，而其他三个人找到了无数的理由来解释为什么他们不能参加。也许这些理由都是好的和真实的，但伴随而来的感觉却不一样。

每次这三个人听到这个计划，或者更糟的是，他们有机会见到另外两个努力工作的人时，他们就会感到内疚。而另一边，那两个努力工作的人也会感到怨恨。

即使项目按预期完成，怨恨和内疚的存在也不会提高工作环境的质量。随着时间的推移，怨恨和内疚会毒害环境，形成一些人所说的“有毒的工作场所”。

也许这种毒性只是经营业务的另一种成本，但如果可以避免，持续的绩效水平就能被改进。消除内疚和怨恨的一种方法是邀请参与，而不是命令参与。最终完成这项工作的两个人很有可能一开始就会接受邀请，同时让其他三个人去执行他们关心的任务。这样任务完成了，毒害也避免了。

话又说回来，事情可能会有不同的结果。假设最坏的情况——邀请已经发出，但没有人来，这也不一定是世界末日。例如，它可能是因为提议的项目实际上是一个坏主意，或者人们真的在忙着做其他更有益的事情。关键的一点是，整个系统的集体智慧（在这个案例中是五个人＋经理）可以被调用来解决问题。如果从一开始就采用外部和专制的控制，那么永远也不会出现这种情况。当自组织速度减慢或停止时，系统的动力就中断了。一切从邀请开始。

当然，我们仍然有一些可能被称为“讨厌的事情”，比如那些组织中令人不愉快的、没人愿意去处理的工作。那么一个完全由志愿者组成的群体要如何处理这种情况呢？

我的经验是，有三种可能，其中任何一种都可以处理这种情况。首先，“讨厌”是一种个人感知，我觉得非常讨厌的东西，可能其他人却很喜欢，会计就是一个很好的例子。

我当然喜欢钱，当然也喜欢记录钱的去向，但说到会计，我绝对更喜欢去当牙医。幸运的是，对许多人来说，会计是一种真正的乐趣，而在更大的范围内，很可能在某个地方有人会在意这份工作。

第二种可能性是，如果给予人们思考的自由，就可以消除这种被感知到的讨厌。另外，如果当这种讨厌属于标准程序的范畴，即它是一件一直被遵循的事的时候，那么我们也就没有太多选择了。

在康宁玻璃公司有一个真正的“讨厌”的东西，就是玻璃纤维。顾名思义，这是一种很薄的纤维，在最好的情况下，它会让人感到发痒和刺痛。这东西不仅令人烦恼，实际上对人的健康也有害。

按标准程序规定，新生产出来的大块玻璃纤维应在高温和高湿条件下进行人工处理。以前一直是这样做的，直到有一群工人和主管有了不同的想法：为什么不用厚纸把这些东西包起来呢？当然，这会花费金钱，并且不能真正改善玻璃纤维的绝缘质量，但是一个确定的“讨厌的东西”就可以这样被消除了。

这个新奇的想法被付诸实施后，令人惊讶的是，成本不但没有增加反而降低了，虽然纸张包装成本增加了，但是生产力却大大提高了。当人们不被瘙痒分散注意力时，他们可以做更多的事情。

最后一种可能是，那些关心的人（只有真正的志愿者才会关心）将会为组织的利益承担一件令人讨厌的事情。合成洗涤剂的生产就是一个很好的例子。那些了解化学的人告诉我，合成洗涤剂的化学成分接近于烈性炸药的配方，非常危险。因此，在制造这些洗涤剂时必须格外小心，以免出现最尴尬的情况，更不用说破坏性事件了。

更糟糕的是，在最关键的生产区域，生产过程很热，而且尘土飞扬，使得工作条件不理想。提高补偿是一种已经尝试过的方法，但也有其不利的一面，那些只是为了钱而工作的人可能不会用心去工作。

后来，公司选择的做法是，每个人都被邀请去做志愿者，当然只有那些具备所需技能的人才能做这项工作；对于那些技能水平太低的人，公司会提供专门的培训。在关键的地方（被大家称为“棍子的尖端”）轮流工作成为一种荣誉的标志，有助于增加志愿者的数量。最终，那些真正关心的人有效地处理了那些讨厌的东西。

谁应该被邀请

应该邀请谁？答案很简单：任何愿意来的人。我承认，与传统的只邀请一小部分人的方式相比，这听起来相当草率。毕竟，你可能会遇到一群不满和无能的人。但你更有可能收获更广泛的观点和更多的热情，无论你手头上是什么任务。

多样性将会使解决方案更加强大，而热情将会推动整个事件发展，即使它有一点混乱、困惑和冲突，但不满意和不称职的人一般是少数。从运作开放空间的经验来看，这样的人很少有足够的精力和耐心去坚持到底，他们可能认为自己会出现，但不知为何，他们从来没有真正抽出时间。

即使这些不太受欢迎的人确实出现了，整个团队的能量也很可能会被激发出意想不到的效果。另外，同样的环境能量可能会感染不受欢迎的人,以至于他们觉得有必要寻找替代空间。无论哪种方法，问题都可以自行解决，而不会对流程的完整性造成损害。

可以理解的是，那些制定邀请名单的人常常将他们的选择限制在已知的数量上，即技能和工作习惯已经得到证明的熟人。这一点可以理解，但用处非常有限，特别是如果新的冒险是未知领域，那些一直在做原来事情的熟人很少会给你带来惊喜。对于一个执行良好的计划的管理者来说，惊喜通常被视为一种诅咒。这是传统的智慧，但是传统智慧往往只能导致传统的结果。要想实现我们的目标，就需要跳出条条框框来思考，需要不受传统局限的人来提供服务。

以乐步（Rockport Shoes）为例，这是一家相对较小的美国公司，以生产出色的休闲鞋而闻名。乐步已经做得很好了，但它知道自己可以做得更好，做得更与众不同。

带着这样的想法，整个公司聚集在一起讨论“建设一个更好的乐步”。开始的时候，一个主要的关注点是开发新产品，大约有 70 人聚在一起讨论这个主题。

各种想法层出不穷，就在这时，一名保安（不是乐步的雇员）从旁边经过，出乎意料的是，他坐在了一把椅子上，慢慢地移进了人群中，直到与负责营销的副总裁面对面时才停下来。他向这位惊讶的高管摇了摇手指，说：“为什么保安们不买乐步的鞋呢？我来告诉你为什么，因为它们看起来不对劲！”

乐步公司生产美观、舒适、休闲的鞋子，而保安可能比其他人更在意鞋子的舒适度。保安的话很可能会让负责营销的副总裁生气，毕竟，他是副总裁，而这个人只是一个保安，甚至不是乐步的员工。

但值得称赞的是，这位副总裁在一瞬间就明白了，这个陌生人刚刚发现了一个乐步完全忽视的巨大市场。解决办法简单明了。如果你有一双好鞋，要把它做得正式一些，这就如同化妆一样简单。游戏开始了。

一小群人从大的群体中分离出来，跑到制鞋实验室，在那里他们为产品制作模型。与此同时，负责生产的副总裁向他所在部门的人进行了咨询，寻找可用的生产空间。负责营销的副总裁和部门的人一起制订一个营销计划，当然，保安是核心顾问。但最精彩的部分是首席财务官，他正忙着计算大致的投资回报率，那么盈亏是多少呢？第一年就赚了 2 400 万美元，而这一切都是因为一个“陌生人”。

第 12 章

第三步 来到圆圈

圆圈对于发起和支持自组织至关重要，所以当个人被邀请参与时，会议的几何形状必须是一个圆圈。这可能是一个思想的圆圈，我称之为“组织形象”，或者是一个真实的用椅子围成的圆圈，总之它是一个圆圈。

我们脑海中的组织形象，从根本上影响着行为和组织功能。如果我问你组织的形象，你很可能会描述为标准的组织结构图——首席执行官在最上面，所有下属和职能部门像树根一样排列在下面。

尽管这幅图可能已经过时了，但它仍然强烈地影响着我们的思维方式和实际的工作方式，所有这些都体现在我们使用的语言中。

例如，如果我们得到一个新职位，我们会说“我升职了”或“我接受了调动”，或（但愿不会这样）“我去了最底层”。当需要做出决定时，我们可能会说“我要征求上面的意见才能决定”。同样地，当会议议程中提到需要执行某项工作时，我们就会说“把它交给大家”。在脑海中有了这个形象后，我们的工作和生活就变成了一个令人精疲力竭的、上下奔波的组织结构图。

目前更重要的是，我们所描述的是一个非常有限和有通道的空间，只有一些预先设定的路径，这恰恰是一种错误类型的自组织空间。这就是为什么非正式系统将大量精力投入到这些路径之外，也就是所谓的“后通道”（back-channel）。一个功能良好的自组织系统需要最大限度的自由和开放空间，以创建自己的路径。

有趣的是，非正式组织的参与通常被称为“在圈子里”，而正式组织的参与通常被称为“在等级制度中”。了解政治的人都知道，无论你在等级制度中的位置（或缺乏等级制度）如何，处于“核心圈”都是一个更棒的体验。总而言之，圆圈每次都打败等级制度。

如果我们把头脑中的组织形象，从标准的组织结构图转变成一个圆圈，我们将会经历一个完全不同的工作环境。所有的同事现在都在我们的视线范围内，没有障碍物来分隔我们的空间。

当我们相互参与活动时，路径是直接的，所需的能量（至少是精神能量）减少到最低限度。我们都知道两点之间最短的距离是直线，通过简单的形象改变，我们就消除了一项乏味的任务：遵循组织结构图复杂的“之”字形。

当然这是心理游戏，但心理游戏也是有意义的。圆圈是沟通的几何形状，自由、开放、快速的沟通是自组织系统的命脉。这关系到系统的适应能力，它使系统能够有效地持续寻找自身与外部环境的适应性。

当沟通受到限制时，所需的信息无法实现，系统会被锁定在一个等待模式中。在圆圈中，来自环境的刺激是最大的，因为可用的接触表面积最大，而且比分层组织中可用的有限连接点多很多，沟通的潜力也被最大化了。

要了解几何形状对沟通的重要性，我们只需要想想当人们被置于不同的几何形状中会发生什么。坐满学生的教室里，老师在前面，权力的分布很明显，老师在负责，所有的学生都得顺从。唯一可能的行为是对单向沟通的被动或攻击性回应。

显然，真正的讨论是有限的，对着别人的后脑勺说话，谁能在这种情形下受到鼓舞呢？教室这样的布置就如同旧的组织结构图，其背后逻辑是把领导放在前面，这对互动和交流都会产生影响。

在一个正方形或长方形的桌子旁，沟通会转变为谈判，而谈判的方式往往会变得敌对，我们会发现自己在谈论“你们这边”和“我们这边”。然而，当置身于一个圆圈之中，人们就会随时随地进行沟通。也许只是一个眼神或眉毛一翘，但在某些情况下，这样简单的行为也有充分的意义。

这并不是全部的心智模式，人们实际的圈子更加丰富且有成效。当蒙特利尔银行里善良的人们发现他们的圈子受到了某种程度的侵犯时，他们就明白了这一点。多年来，银行在各种情况下使用了开放空间技术，而且，正如经常发生的那样，开放空间的习惯悄悄地蔓延到了他们工作生活的各个方面。具体来说，他们开始在日常会议中去掉桌子，只有一圈椅子。

有一天，常规会议室用不了，于是他们从隔壁公司借了一间会议室，这个会议室配备了一个“航母大小”的会议桌。一到那儿，大家都很自然地坐了下来，但大家被那张巨大的桌子隔开了。

会议本身只是一件普通的事情，议程上没有特别的热点问题，然而，到会议结束时，每个人的情绪都很糟糕。他们在一些次要问题上进行了无休止的激烈辩论，情绪激动，工作效率下降，每个人离开时都注意到这是多年来他们参加过的最糟糕的会议。几天后，当人们冷静下来的时候发现，很明显，原来是桌子的问题！

第 13 章

第四步 欢迎热情、负责和真正的领导

无论是在你的脑海中，还是在真正的空间中，当圆圈形成时我们都欢迎热情和个人责任的到来。也就是说，我们欢迎的是“整个人”。我们常常只希望“好”的那部分人参与我们的项目，只局限于被社会所接受的“商业脸孔”。而真正的问题是，当一个组织里的人看起来、行动起来、思考起来，都像是从同一个模子里刻出来的一样时,那么多样性就会被严重限制。

当然，传统智慧认为，高效和有效的行动取决于每个人的思维一致、行动一致。差异即使不能消除，也要尽量减少。在这一点上，多样性成了一个需要解决的巨大问题。

然而，随着我们逐渐理解自组织系统的本质和机制，我们了解到，就多样性的各种理解方式而言，如果没有高度的多样性，整个系统的运作可能会停滞，从而陷入同一性。

我们所需要的多样性不仅是肤色、教育、经济或文化，还包括每个人独特的差异，表现在他们真正关心的事情上，到底是什么能激发他们的热情。热情是创造力的源泉，如果缺乏热情，突破性的创新和真正有灵感的表现等重要的事情就不会发生。

也就是说，热情需要一定程度的专注，以免它的力量被消耗掉。外部控制倾向于这个方向，但往往过于笨拙和手忙脚乱。外部控制缺乏必要的敏感性和微调，进而不能把强烈的热情聚焦于高效的焦点。真正的平衡只能通过行使内部控制，通过个人承担责任来实现。

个人责任感缺失是问责要求的产物，强行分配的责任无法激发人的责任感。最终，只有当人们愿意承担责任时，个人责任才会产生，在这个过程中，“关心”是关键词。在这一点上，热情的存在变得至关重要，同样重要的是热情的目标——这是人们真正关心的。

到这里，这个圆圈就完成了。当所有人都被邀请，会带着他们的热情（他们所关心的目标）而来时，他们就会承担起个人责任。真正的责任是不能被赋予、强迫或命令的，它只会以邀请的方式出现。下面的故事或许可以说明这一点。

几年前，我是华盛顿特区亚当斯·摩根社区委员会的执行董事，在那里，每年圣诞节，社区（实际上是指当地的商人）都会竖起一棵圣诞树。这棵金碧辉煌的圣诞树就像一颗宝石一样，吸引了所有人的注意，但其中一些人根本没有圣诞精神。

破坏公物的行为逐年增加，无论当地教师如何教导他们的学生们要负起责任，也不管警察如何巡逻以加强这一责任，情况只会变得更糟。最后，捐赠圣诞树的商人们想用其他方式来分发他们的赏金，那样的话就再也没有圣诞树了。就在我们快没时间的时候，我去见了商人们，请求他们再给我一次机会，但我建议换一种方式来做这件事。如果他们把树立起来，我就来负责装饰。

碰巧我和一帮邻居的孩子一起做装饰工作。我强烈怀疑，他们之前曾破坏过圣诞树，如果不是他们，那就是他们的熟人。组织这帮人的会议通常在我的社区办公室举行，我提议我们应该装饰圣诞树，迎接我的是好奇的目光和沉默。

但几天后，装着各种闪亮物品的盒子开始出现在我的办公室。到周末的时候，我们有了更多的装饰材料，我没有问太多关于这些东西从何而来的问题。到了那个星期六，这些孩子出现了，我们开始工作。

我不能说作品的做工有多么精细，但我知道这些饰品都是精心制作的，而且不乏黑色幽默。到了星期天，我们已经有足够的东西来装饰圣诞树了。到了晚上，圣诞树就完全装饰好了。

在那之后，破坏公物的行为降到了零。事实上，如果有人想对那棵树做点什么，这个想法很快就会从冒犯者的脑海中消失，这都是因为你对你关心的事情承担了个人责任，而且这件事成功了。

真正的领导

热情和责任还有另一种天赋——真正的领导，它为新兴组织提供了关键的焦点和方向。请注意，这与领导者的出现无关。事实上，最终的结果将会是出现大量的领导者，每个人都创造了组织的节点和关心的纽带。

传统智慧认为，领导者的多样性会造成混乱，而混乱只能通过领导者的单一愿景来解决，其他领导者一律服从，或被淘汰。我们可以用很多口语化的短语来表达这一点，比如人多误事，一艘船只有一个船长，不听我的就滚蛋等。

难怪许多组织发现领导力不足，需要新的领导者时，他们似乎都消失了。事情的真相是，领导，尤其是新出现的领导者，通常从一开始就受到了压制。领导者已清楚地表明，只有一条正确的道路，必须通过严格的命令和控制来保持航向。这需要多方努力，以确保“培训和培养领导者”，但我认为这明显是一个工作太过努力的例子。我们只需要邀请热情和责任，真正的领导就会大量出现。

但是，如何避免“放猫综合征”[①]（herding cats syndrome）——多位领导者朝着不同的方向走呢？每一位爱猫人士都知道，猫想来的时候它就会来，“放猫”不仅是一种矛盾修辞法，

① “放猫”指试图去控制或管理一群无法控制或者处于混乱状态的个体。代指不可能完成的任务。因为猫散漫成性，无法被驯服。——译者注

也是不可能的。

显然，这对你和你的新冒险来说不是一件无所谓的事。猫可以给你带路，但它想来就来，你的任务就是创造足够吸引它的环境。对于猫来说，通常提供一顿晚餐就足够了，轻轻拨弄一下猫的耳朵也会有所帮助。人类行为可能会更复杂一点，但方法是相似的。

当你发出邀请（第二步），把自己的热情和责任展现在公众面前时，你就创造了一个关心的纽带。在某种程度上，其他人会发现这个邀请很吸引人，他们会带着他们的热情和责任加入你的冒险。他们是否选择留下来，为新兴组织做出实质性的贡献，最终取决于他们是否继续关心。

人们显然关心许多不同的东西，在这个过程中，一些人可能会得出结论，人最关心的东西是金钱。如果我们给员工支付足够的薪水，他们就会更愿意留下来，并与当前的业务保持一致。

不幸的是，一项又一项的研究表明，尽管薪酬水平很重要，但激励（关心诱因）因素的补偿水平却很低。诸如尊重、挑战、意义感、成长的机会、对他们贡献的肯定等因素都排在薪酬前面。

这些因素最初以一种真正的邀请形式出现，带来一个人的整个自我——所有的热情和责任。只要不断地发出邀请，这些因素显然将继续存在。简言之，邀请不是一件一劳永逸的事情，两位年轻的同事迈克尔·赫尔曼（Michael Herman）和克里斯·科里根（Chris Corrigan）创造了“邀请组织”（The Inviting Organization）这个短语，这是他们的重大贡献。持续的邀请是组织长寿的关键。

邀请你带来热情和责任，就是邀请你成为真正的领导。真正的领导，就是创造关心的节点，围绕在这些节点，一个有生命力的组织就会获得不断的成长和发展。这不是一个静态的、固定不变的事情（在旧的组织结构图中，领导者处于顶点），而是一个不断流动的、动态的领域。

这些人中有一些会在很长一段时间内保持他们的位置，但这并不是因为他们有某些固有的权利。其他人会在发现关心的新事物后，来来去去。太棒了！这种环境流（The Ambient Flow）能够保持和谐、完整、健康的连续性，而这些，正是高绩效系统的基本要素。

第 14 章

第五步
牢记四大原则

四大原则是任何一次开放空间活动开始之前都要宣布的，主要包括：①来的人就是对的人；②发生什么就是当时只能发生的事；③无论何时开始都是适当的时间；④结束的时候就结束了。

开放空间的四大原则不是要告诉人们应该做什么，而是要人们认识到实际情况的不可控性。总之，它们是描述性的，而不是规范性的。

有人可能会问，为什么要陈述显而易见的事情呢？答案是，许多第一次来到开放空间的人，会发现这种情况很奇怪，违反直觉，甚至觉得是错误的。我们宣布这些原则是为了提醒他们将要发生的事情，并希望他们感到更舒服。

当然，这个“将要发生的事”并不是开放空间，而是自组织。正是出于这个原因，我建议，当在更大的自组织系统中工作时，记住这四大原则将会有所帮助。

来的人就是对的人

在任何项目的开始阶段，不管是大项目还是小项目，通常都需要花费大量的时间和精力来选择“对的”人员。当这些“对的”人中，有一部分或全部没有出现时，组织者就会产生大量的焦虑。自组织世界的情况是非常不同的，在很多方面会更容易。事实证明，无论谁来，都是对的人。

这种说法可能会让你觉得荒唐，甚至离谱。究竟怎样才能让他们是对的人选呢？简单的回答是：只要他们愿意来，就是对的人。

正如前面所提到的，复杂性科学描述了一种奇妙的东西，被称为“奇异吸引子”，它提供了一个“捕捉点”（Catch Point），围绕这些“捕捉点”，奇怪的混沌元素进行结合，从而启动自组织。

人们关心许多不同的事情，但是对同一件事情的关心会使群体倾向于聚集在一起。当那些关心的人联合起来时，有效工作很可能就要开始了。从定义上说，这些人就是做这项工作的“对的”人。

总有一种自然的倾向，就是数人头。如果我们预计会有数百人来，而最后只有少数人愿意来，这也不是一场灾难。关键问题不在于来多少人，而在于他们有多关心这件事情。

历史上有很多这样的例子，一小部分关心的人们在一起就移动了高山。而且可以肯定的是，他们的表现将会超过不在乎这件事的更大的群体。在这方面，我们可能会记得那些为我们提供了便利贴的敬业的“地下工作人员”。

当然，也有可能没有人愿意来。如果是启动一项新业务，这种情况可能会相当令人震惊。然而，尽管可能很痛苦，这里还是有一些有用的信息，如果没人关心，那成功的可能性就微乎其微了。在投入主要资源之前了解这一点，可能会对自我造成打击，但这对评估预算还是有好处的。

发生什么就是当时只能发生的事

不要担心所有也许会发生的事情、可能会发生的事情，甚至应该发生的事情，要专注于当下的这一刻，因为那就是当下所存在的一切。

这并不是说对过去的反思和对未来的希望没有意义，而是说，过去的已经过去了，未来的还没有发生，我们所拥有的只有现在。也许更重要的是，如果我们的脑海中充满了对过去的回忆或对未来的梦想，我们很可能会错过或无法充分欣赏发生在我们眼前的事情。

作为一个自组织系统（或者叫复杂适应系统），明确地关注当下对我们的生活至关重要。其中的关键词是“适应性”。为了达到最高水平的绩效（找到与我们自己和环境最有效的适应程度），我们必须不断有意识地与无限复杂和不断变化的世界接触。

复杂性理论家告诉我们，即使在一纳秒的时间内，复杂的相互作用的程度，也绝对是令人难以置信的。当然，这些都远远超出了我们所能注意的范围，这可能对我们内心的平静来说是幸运的，毕竟这也是一种负担。即使是最小的变化，也可能预示着出现好运或灾难，这就是传说中的“蝴蝶在扇动翅膀”。

事实证明，充分、有意识地关注当下，并不是一件容易的事情。如果把它看作一个理性的项目，我们可以识别、追踪、分析，并回应当前的无数因素，那样我们就会被淹没其中难以自拔。总之，有意识地关注当下，会提高成功的可能性，关注时的每一点发现都会有所帮助。

无论何时开始都是适当的时间

这项原则似乎会让所有有责任心的管理者分心。毕竟很多人都会认为，让事情按照时间表进行，有精确的开始和结束时间，是一个优秀管理者的核心任务。然而事实是，没有任何事情可以准时开始或准时结束，可能会接近，甚至非常接近，但从来没有“准时”。

在所有的会议中，这一事实可能是最明显的，或许也是最痛苦的。管理者发布的时间表从纸面上看起来绝对精准，甚至精心地设置了 5 分钟的增量，但现实完全不同，人们很快就会发出哀叹：会议又超时了！

公布的时间表和实际生活之间的区别，正是正式系统和非正式或自组织系统之间的区别。非正式系统每次都会胜过正式系统，这是所有会议参与者都非常清楚的，这就是生活的真相。

这里还有更深层次的含义。当我们试图迫使非正式（自组织）系统遵从正式系统的要求时，我们就在创新、创造力和绩效水平方面付出了代价。创新和创造力在准备好的时候就会发生，绝不会根据时间表而来。就我个人而言，我发现越努力尝试创新，就越不可能实现我的目标。灵感常常是按它自己的时间表出现的。

关于绩效水平，我们可以回想一下彼得·维尔的“高绩效系统的行为特征”。根据维尔的说法，高绩效系统对时钟的重视程度很低，更尖锐的观点是，“对高绩效系统活动的外部控制，在成员看来，往好了说是无关的，往坏了说是对绩效的极大阻碍”。

但这并不意味着高绩效系统是无政府主义者，而是说，对时间、结构和控制的意识，是突发的和内部产生的。当外部控制被强加于高绩效系统时，系统绩效水平可能会下降，这是因为实施外部控制需要增加管理层，系统绩效水平会进一步下降，而那些真正做事情的人显然会通过变通的办法，来做他们无论如何都要做的事情。

最糟糕的情况是，他们实际上花费了所有的精力来反抗正式的需求，此时系统绩效水平将退化为零。只要记住“无论何时开始都是适当的时间”，所有这些消极的可能性就可以大大避免。

此时此刻，你可能会想，我的提议可能听起来很有趣，但可以肯定的是，这将是运营一家航空公司或任何其他复杂的、任务关键型系统的一种糟糕方式。对于航空产业，准时是很重要的，而且守时被认为是“第一条准则”。这些都是正确的，但我们需要问：我们在谈论谁的时间？

当然，有官方时间，但这只是一个起点，必须根据其他一些时间来进行调整，如乘客时间、维修时间，当然还有大自然的时间。

该登机的时候，乘客应该在登机口，如果他们不在，他们就会被遗下。嗯，大多数时候是这样。但是，如果旅客的行李已经装上了飞机，但行李的主人严重失去能力、健忘或迷路，飞机就会等待旅客到达，或者以安全的名义将行李全部卸下。

而维修时间在不同的时钟上运行，从发现飞机机械故障的那一刻开始。也许问题会被及时解决，但它总是在自己的时间内解决。无论官方的日程安排如何，每个人都会同意，因为飞机在地面上停留的时间长一点，比意外撞到地面上要好。

大自然的时间显然胜过其他时间。如果天气恶劣，乘客时间、官方时间和维修时间都得排在第二位。而且，当违反自然规律时，遵循既定的规则和程序可能会导致不便的结果，正如捷蓝航空（JetBlue，美国一家廉价航空公司）所发生的事件，这将是痛苦和尴尬的。

捷蓝航空以准时出发而自豪，但大自然却在美国东海岸制造了一场巨大的风暴。尽管如此，捷蓝航空的飞机还是准时离开了登机口，但只是在滑行道上等着，有时要等上 5 ~ 6 个小时。当他们最后回到登机口时，所有登机口都坐满了人，乘客们非常愤怒，整个系统陷入了混乱。

而其他航空公司只是取消了航班，当风暴减弱时再准备飞行。接下来一周，捷蓝航空一直处于混乱中。

结束的时候就结束了

这个简单的陈述也承认了生活中的一个事实，即世间万物皆有开始、中间和结束。当结束来了，最好还是承认事实，继续前进。

这并不是说，一有麻烦的迹象，就选择直接走开。正如我们前面提到的，混乱、困惑和冲突都是一个自组织系统的生命过程中必不可少的。

每一个因素都带来努力工作和奋斗的必要性，只有通过努力才能达到更高的绩效水平。这都是关于寻求适应性的，但总有一天，事情会变得不再适应，生命形式已经耗尽了能量——

结束了。

在这样的时刻，“悲伤疗法”的过程就开始了。在它运行的过程中，治愈发生了，新生成为可能。然而，如果我们仍然执着于过去所发生的，这种可能性将会延迟出现。

从本质上说，“悲伤疗法”会终止这个过程，但否认、回忆，甚至绝望的这些阶段是不可能避免的，尽管它们可能令人不快。我们有可能让这一过程按其自然进程运行，甚至加速通过，所有这一切都始于一个简单的认识——结束的时候就结束了。

回避这一原则只会增加悲剧。当某些组织快要结束时，为支撑其继续存在，人们采取了多种多样的战略和行动，而这使人筋疲力尽。当这一个企业走到尽头时，劳资双方的冲突似乎达到了新的高度。每个人都争着要一块馅饼，却没有意识到馅饼已经被吃掉了。管理层寻求更可靠的“金色降落伞”，而劳工则在谈终身合同。事实上，这一切都结束了，有关各方最好花点时间考虑下一步该往哪里走吧。

第 15 章

第六步
遵守“双脚法则”

“双脚法则”指出，任何时候，如果你既没有学习，也没有贡献，那你就应该用你的双脚，去到一个更有成效的地方。在开放空间中，这初看起来似乎是一种奇怪的法则，如果在更大的真实世界的企业和组织中应用的话，似乎有些夸张。其直接假设是，如果每个人都按照自己的喜好行事，那么由此产生的混乱将是一场灾难。

在一些人看来，正式的、有组织的系统才是占主导地位的和可行的，这种判断无疑是正确的。但另一方面，当思维转换，图形和背景互换，此时自组织会被理解为基本的现实，且混乱成为新秩序出现的必要前提。

没有混乱，就没有秩序、没有生命、没有组织。更重要的是，所有限制或消除混乱的尝试不仅注定失败，而且实际上适得其反。我们正在认识到，混乱是新秩序的温床。

请记住，“双脚法则”是描述性的，尽管它确实是用最规范的方式表述的。事实上，无论意图如何，我们都应遵循“双脚法则”。当学习和贡献停止时，兴趣就会消散，我们关心的能力会帮助我们找到一个新的焦点，那个焦点可能是观看窗外的鸟，也可能是参加令人期待的会议，或者是回到去年夏天的海滩。事实上，我们已经不在当下了，而且也不愿意继续留在当下了。

在最佳情况下，当“双脚法则”被完全遵守时，我们会成为拥挤人群中的一员，随机地寻找更好的方式去适应。从传统智慧的观点来看，成为拥挤人群的一部分似乎是无效的规则，是高绩效的对立面。然而，正如从蚂蚁那里学到的那样，随机搜索是高效的缩影，但前提是有很多搜索者及有效和快速的沟通。①

当清晨到来，蚁群需要食物时，蚂蚁们就会蜂拥而出。一开始是有序地搜索，很快就变成了随机的搜索模式，因为每只蚂蚁都被当地的地形和它自己特殊的能力所限制，被引向新的、不同的方向。

这些蚂蚁没有有组织地展开网格搜索，每只蚂蚁都是独立的，做着自己的事情。它们一起非常有效地覆盖了很多领土，它们迟早会发现它们的目标：食物。

食物可能以某种形式出现，如蠕虫，一旦发现食物，蚁群的随机性很快就会转变为带着食物回家的工蚁的有序工作，转

① Kelly, S. K. *Out of Control.* Addison Wesley, 1994, p. 306 ff.

变的关键是有效和快速的沟通。在蚂蚁的例子中，这似乎是基于化学气味的沟通，但它肯定是有效的。

说蚂蚁的行为是随机的，并不等于说它是无目的的。每只蚂蚁都很清楚自己在寻找什么——晚餐。对我们而言，当我们在拥挤的人群中徘徊时，我们搜索的随机性集中在我们所关心的东西上。

对“双脚法则”有意识的关注，确保了我们保持专注。当然，有时法则会以一种明显的消极方式运作，允许我们离开不关心的东西，但这种消除的过程，可能是当生活充满困惑和负担过重时所能采取的唯一方法。

总而言之，“双脚法则”让我们将注意力集中在真正关心的事情上，以及那些对我们真正有意义的事情上。当我们忘记了自己所关心的东西，就失去了指南针。当然，如果我们关心的东西太多，本质上效果是一样的。在这样的时刻，弄清楚自己不关心什么，能帮我们厘清自己的内心。

一大群人随机地寻找他们所关心的东西，不仅是在物理空间，还有我所谓的“可能性的空间”，这确实很棒！如果有无限的随机可能性，那么那些有序、有目的的生命，无论是个体还是集体，究竟是如何出现的呢？更实际地说，当运作模式出现大规模、享乐主义的无政府状态时，我们如何才能组织起正在经营的业务呢？

这个秘密就是我们的老朋友——关心的纽带。当人们在寻找有价值和有意义的东西时，其中一些人会发现他们在寻找同样的东西。这种关心的共性将他们吸引到一起，就像混沌理论中的“奇异吸引子”将物质世界零零散散的东西聚集在一起一样，这种关心的共性也产生了类似的结果——出现新的秩序。

传统上，创造秩序（组织事物）似乎需要很长时间，但在自组织系统的世界中，体验是完全不同的。在研究这一课题的初期，伊利亚·普里戈金指出，从“旧秩序”到“新秩序”的转变几乎是瞬间发生的。这一分钟茶壶里的水表现出随机的旋涡和气泡，而下一刻又出现了翻滚。秩序产生于混乱就在此刻。

开放空间技术长达 20 年的实验表明，类似的事情也发生在人类系统领域。你应该还记得 2 108 名德国精神病医生，他们创建并安排了 234 个工作小组，这个数字可能令人印象深刻，但实际组织所需的时间可能更令人难以置信。

在主持人的简要介绍后，小组在不到 1 小时的时间内就制定了议程，然后根据参与者和聚会的时间及地点，确定了工作小组。这可能不是很迅速，但与大多数同等规模和复杂性的会议所需的筹备时间相比，它还是非常高效的。

如果系统没有被锁定在预定的模式中，自组织过程有时会以令人炫目的速度从混乱走向秩序。另一种说法是，只要遵守“双脚法则”，系统很快就会自适应。然而，如果这个系统受到武断、过时的习俗、规则或程序的约束，那么它很快就会僵化。那么解决方案是什么呢？就是要保持双脚移动！

第 16 章

第七步
哀军必胜

自组织的过程在不同情况下会伴随着“附带损害”（Collateral Damage），这是一个事实。随着事物的自然发展，混乱、困惑和冲突的力量发挥了它们的基本作用，一些不可避免的破坏发生了。混乱扰乱了旧秩序，但给了新事物出现的机会。

幸运的是，我们有“悲伤疗法”的过程。自从人类存在以来，这个过程就一直在发挥作用。当创伤发生时，这个过程就自动开始，如果它运行一个周期，通常会使痛苦结束，重新开始新的快乐。

了解“悲伤疗法”的过程是很有帮助的。这不仅仅是一个学术练习，更重要的是，理解“悲伤疗法”的阶段和影响可以为我们提供方向，以及可以帮助他人。一个相当简单的例子可以说明这一点。

这是二十多年前，当我在写第一本书时，正写到描述“悲伤疗法”的过程。我一大早就开始写作，写了一整天。我的手指在计算机键盘上飞来飞去，我确信自己正在做一件非常重要的事情。我太投入了，以致在我进行的过程中忘了保存。

我的计算机系统是非常早期的CPM系统，没有“自动保存”的功能。就在我即将完成真正有灵感的最后一页的最后一段时，停电了！除了空白的屏幕，什么都没有了。

当恢复电力后，计算机重新启动，我仍然盯着空白的屏幕，但那时有一种非常强烈的感觉——我的文件没有了！我辛苦写了一天的稿子都不见了！然后我几乎立即疯狂地去搜索文件。我只知道“消失”的章节肯定在某个地方，然后我发现自己双手抱头，拼命地回想自己刚才说了什么，“回忆”已经到来。

那一刻我开始笑了，因为这真的很有趣。当时我正在写关于“悲伤疗法”的一章，然后发现自己正经历着这个过程。然而，事实证明我对这些阶段的了解非常有帮助。在继续前进之前，我必须放下这一切。

坐在那里试图回忆我当天写下的文字，只能徒劳无功。即使能想起大部分的单词，我也会失去最初的热情和灵感。我对这个过程的了解救了我，我关掉计算机，出去走了很长一段路，然后喝了一杯，吃了顿饭。第二天早上，我又从头开始。我真的相信我第二次的努力会更好。

尽管我的小经历很痛苦，但也学到了很多。首先，我发现即使是生活中较小的创伤，也会引发“悲伤疗法”的过程，尽管对一个作家来说，失去一整章并不是小事。

我学到的第二件事可能更重要，当创伤经过时，我能够识别出这些阶段，能够拯救自己。当到了要放手的时候——我小心而有意识地这样做了（要不然可能会更痛苦，也许整个晚上都会在回忆那些失去的优美语句）。

“悲伤疗法”是我们每个人必须为自己做的事情。甚至当整个组织都在为重大损失而悲伤时，也没有任何人可以替别人踏上这段旅程，但我们能够（而且必须）提供帮助。

之前我比较了“悲伤疗法”和分娩的过程。我认为，这种比较是有帮助的，它不仅能使我们更好地了解这一过程本身，而且能更好地了解我们所能为正在这一特殊旅途上的人提供的帮助。

理解的第一个要素是，无论是否有我们的帮助，分娩过程都会持续进行，但是这个过程是可以快进的，这就是助产士的作用。助产士没有怀孕，也不会生孩子，但她在这个过程中会很有帮助。

助产士带来了两个至关重要的因素。首先是对过程的了解，其次是她的存在。对这一过程的了解有助于母亲保持一定的阶段感和目标感。

分娩的过程，就像“悲伤疗法”一样，是不愉快的，甚至可以说是痛苦的。太过痛苦会让人迷失方向，似乎没有之前或之后，只有一个永无休止的、折磨人的现在。

虽然不能选择改变任何东西，但是在一定程度上，如果母亲能够被提醒，在分娩的过程中有几个阶段，尽管每个阶段都比前一个阶段更糟糕，那么她就真的有可能把注意力集中在一个目标上，即新生婴儿。

助产士的存在可能是最重要的。她不是要做什么，尽管技术援助是有帮助的，但她真的只是在困难的旅程中作为一个温暖、关心的伴侣，握着手肯定是有帮助的，因为身体接触可以消除语言无法表达的痛苦。

把“悲伤疗法”和助产士并列起来可能看起来相当奇怪，因为悲伤是结束和死亡的产物，而助产士关心的是出生和新生命，但我认为这是恰当的，因为“悲伤疗法”的过程在其整体上也会带来新生。简言之，它是一种内在机制，让我们经历由混乱、困惑和冲突引起的生活变迁，因为它们有助于持续的自组织过程。

就像分娩过程一样，我们没有发明它，也不能改变它，但我们可以帮助我们的同事度过悲伤的过程。

具体来说，在震惊及愤怒的时候，我们可以确保有足够的时间和空间让震惊及愤怒充分地爆发出来。虽然这可能会对周边的安宁造成一些破坏，但如果这一过程受到限制，更糟糕的是被终止，取得积极结果的可能性将接近于零。

几年前，我曾是康宁玻璃公司的客户，当时该公司正处于一个非常痛苦的时期。那是一个掠夺者的时代，其中一个竞争对手已经向它发起了报复性进攻。

虽然康宁玻璃公司成功地抵挡了敌人的突袭，但也付出了巨大的代价。为了让股东、律师和银行家们满意，管理层发现有必要出售或关闭公司一半的业务。

在六周的时间里，康宁玻璃公司的规模就变成了原来的一半。但这并不代表所有人都失去了工作，因为很多人跟着被卖掉的企业走了，还有很多人发现自己确实处于失业的行列中，而那些留下来的人非常担心自己即将迎来末日。这确实是一个非常痛苦的时刻。

他们要求我来看看是否可以做些什么来帮助这些留下来的人，于是我来到一个大房间，里面坐满了沉默而极度紧张的人。我不知道他们认为会发生什么事，但我肯定没有人怀疑到底发生了什么。

进屋后，我静静地站了一会儿，然后用一种轻柔的声音问了一个在这种情况下似乎很不恰当的问题："你们感觉怎么样？"迎接我的是一片寂静。我把问题重复了两三遍，总是得到同样的沉默的回答。

又重复了一遍之后，我听到远处角落里传来一个很小声的、几乎是窒息的声音："哦，该死的！"我把手放在耳朵上，说："让我们再听一遍。"咒语又一次爆发出来，这次更强烈了一点。

"再来一次！"我说。很快我们就有了一个激动人心的"哦，该死的"大合唱，所有人都参与进来了。

当分贝提高到足以让整个体育场的人听到时，声音就从愤怒的喊声转变为笑声。几天来，人们的脸上第一次绽放了笑容。即使在一个特别黑暗的时期，这也是很有趣的，笑声本身就是非常治愈的，这和之前的“哦，该死的”大合唱的原因是一样的。要想笑，你必须呼吸。

当记忆涌动时，我们可以做很多事情来帮助别人，最重要的是提供一个合适的环境，让那些悲伤的人可以讲述他们的故事。这可以是在一个非常正式的场合，比如爱尔兰守灵节（The Irish Wake），也可以是在一些不那么正式的场合，比如朋友聚在一起，喝杯咖啡。没有一种方法能在所有情况下都有效，但无论选择哪种方法，它必须适合相关的人及其独特的历史。

几年前，我曾与一支被指定解散的美军部队共事。对于许多曾密切参与过该项目的人来说，这段经历意义深远，对一些人来说，它可能改变了他们的生活。

他们对自己的工作感到自豪，认为这项工作的结束是一场灾难，不仅对他们自己来说是这样，对整个部队来说也是如此。不用说，也有其他人不同意这种看法，不幸的是，不相信的人占了上风。最终结果是，这个部队很快成为历史。

这支部队有一种叫作“行动后简报”的做法。即无论这些行动是战斗，还是其他不那么刺激的内容，参与者都将聚集在一起学习经验教训。

在大多数情况下，简报格式是对已经发生、没有发生或可能发生的事情的相当枯燥的技术回顾。但不可避免的是，当他们学习经验教训的时候，就到了讲述故事的时候。

我不确定是否有人认为这种特殊的活动是“悲伤疗法”过程中不可分割的一部分，但有意或无意地，它肯定有这种效果，特别是当涉及暴力和损失惨重的战斗时。因此，在行动单位解散时，做一次行动后简报是很自然的事。

因此，该部队的现有成员和以前的成员都被邀请参加一次周末聚会。星期五晚上，由司令官发出的正式解散命令被宣布，该命令从那天起生效——现在正式结束了。

周六早上，我们围坐成一大圈，以开放空间的方式讨论这个主题：“我们做了什么，我们要去哪里？”主题确定了，小组形成了，当然故事也被讲述了。

那一天在深入的交谈中度过，伴随着回忆过去的幽默事件时捧腹大笑的时刻，也伴随着默哀的时刻（纪念那些已经逝去的人）。

在很大程度上，讨论的焦点是过去的事情，那些曾经做过的再也不会重复的事情。但当人们思考他们的下一步或新的职业、新的兴趣时，未来也会有所突破。

到了晚上，气氛发生了很大的变化。该部队的解散被普遍视为既成事实，过去的英雄和事件得到了承认，未来的重要性摆在了我们面前。

到了晚餐时间，某种庆祝活动似乎是不可避免的。大家举杯祝酒，发表演讲，在晚会结束时，这群人似乎已经准备好放弃这段深刻而有意义的经历，准备继续迎接即将到来的一切。

对许多人来说，也许大多数情况下，一旦“回忆”阶段被协商好，他们就准备好放弃之前的种种，继续生活。这似乎和所受创伤的程度有很大关系，或者从一个稍微不同的角度来看，与依恋的程度有很大关系。

对于那些只是偶尔与部队有联系的军人来说，这支部队的解散并没有改变他们的生活。另外，有少数人的生活因他们与该部队及其工作的联系而受到深刻影响。

对这些人来说，部队解散带给他们的不仅仅是偶然的担忧，一旦回忆被分享，他们会发现自己在一个非常寒冷和令人生畏的地方，这个地方被称为“绝望”。是时候最终放弃那些，重新定义新的生活了。

当损失很小的时候，比如我书中丢失的那一章，绝望可能会在几乎没有任何注意的情况下消失。然而，随着依恋程度的提高，绝望的程度也随之增加。

对于重大的创伤——失去所爱的人、一生的工作、一种生活方式，绝望可能会表现为无法穿越的黑暗，那些痛苦简直是难以忍受的。在这样的时刻，我们应该设法保护那些遭受痛苦的人，这是可以理解的，但这样做会适得其反。

绝望的痛苦是无法避免的，它只能穿过。我们可以与我们的兄弟姐妹一起度过那个时刻，就像一位优秀的助产士在分娩的最后时刻一样，我们可以敦促痛苦的人继续前进，也可以提供几乎是唯一可能的帮助——温柔地触碰。

一旦过了“绝望”的阶段，空间就打开了，一块安静的空地，没有任何当下的东西，一切都是可能的。正如我所说，这也许是人类经验中最神圣的时刻。正是这个原因，我们不仅能够帮助他人经过这一过程，而且必须这样做，因为无论是利己还是利人，都同样重要。

我们也可能有机会问一个关键的问题：你打算如何度过你的余生？请注意，它一直都是一个问题，而不是一个陈述句。这个问题提供了个人或组织可以选择进入的开放空间。我们不能为他们做出选择，尽管我们可能非常希望这样做。

在我们渴望提供帮助的同时，也许还需要在结束的时候处理自己的焦虑,匆忙地提出详细的计划和建议似乎是很自然的。对个人来说，指出新的职业发展机会来填补最近离职留下的空缺，或者任何其他可能引起“悲伤疗法”的开始，似乎都是合理的。如果整个组织已经达到了平静的结束点，那么提供一个新的战略计划——对未来的愿景将是自然的趋势。

尽管所有这些好提议看起来都很自然，但出于各种原因，它们都是不明智的。首先，在开放空间的最初阶段，即使是最有力的建议也不太可能被认真听取。事实上，这些建议可能会被认为是对一个非常私人和神圣的时刻的一种侵犯。

这是一个非常重要的时刻。这可能是很长一段时间以来，第一次从一天的业务中得到真正喘息的机会。突然之间，所有的常规需求都被搁置了，要参加的会议、要接听的电话、要推出的新产品，所有这些都停止了。

有些人会发现沉默几乎让人无法忍受，但它却充满了可能性。当一切都消失时，一切皆有可能，不再被事物过去的方式所排斥或约束，匆忙的活动不再妨碍我们认真思考一些基本问题，比如：我们要去哪里？我们真正想做什么？

对于大多数个人和组织来说，总会有这么一个时刻，向着新的方向前进是自然的一步。重点应该放在“自然”这个词上，因为这个过程实际上是有机的，就像出生的过程一样，它有自己的时间和节奏，几乎没有什么可以在不造成严重后果的情况下改变这一点。

奇迹和想象为愿景的出现提供了肥沃的土壤。在最初的时刻，愿景的内容还远不清晰。也许它还没有完全聚焦起来，或者多种可能的愿景就像幻灯片一样在眼前掠过。对于那些坐在旁听席上的观众来说，可能又会有一种自然而不耐烦的倾向：挑点东西！做点什么！继续干吧！

但是在不断进化的愿景中，有一种明显疯狂的方法。在这个过程中可能性在不断被探索。在某种程度上，这是一个理性的、线性的过程，因为潜在的机会被考虑并抛弃了。然而，当“可能的愿景”和“愿景”之间的界限被跨越时，驱动力比理性分析的逻辑要强大得多。

这种驱动力的起源可能有点难以确定，有些人认为是直觉，或者干脆说是感觉也没错。但不管来自哪里，很明显，热情已经出现了，并且伴随它的是对新方向的责任感。

随着热情和责任的出现，新的邀请也会被发出，一个新的或更新的人类系统自组织过程已经开始了。从本质上说，我们又回到了起点。记住，一切都是从邀请开始的。

这种邀请可能永远不会以“很荣幸与您共事”的标准格式出现——这是对所有人的邀请。当热情和责任出现时，一个吸引人的、新的关心纽带就建立起来了，但是又各不相同。

当愿景出现并发出邀请后，下一步自然就是庆祝。“庆祝”这个词可能指有演讲和颁奖的正式场合，这在某些情况和文化中可能是合适的，但坦率地说，我想要的是一个更朴实的——一个真正的派对。事实上，这是一场所有关心或可能关心新业务或冒险的人的特殊聚会。

考虑到还有很多事情要做，在组织“起飞”的时刻，花时间去参加一个聚会似乎是在浪费时间，但这将是值得的。显然，这次聚会不是庆祝组织上的成功，因为它们还没有到来，它是在庆祝一个过程的结束，一个生命周期的结束，它已经深入人心。从结束的那一刻开始，在经历了震惊、愤怒、否认、回忆、绝望后，进入了新的可能性的开放空间——一个全新的新兴组织已经到来。

庆祝错误的事情，或根本不庆祝，都代表着一种严重的损失，因为庆祝应该是一次参与他人历史和思考他人未来的机会，这是一个讲述故事、纪念英雄、更新精神的时刻。

对于老员工来说，这段时间可能是甜蜜的，是对以前成就的回忆，是分享未来梦想的机会。对于新来者来说，这样的庆祝活动为他们提供了一个参与历史的机会，不仅是了解事实，而且是实际感受冲击，哪怕只是间接的，也可能是他们把梦想编织进组织生活中的时刻。

庆祝组织的生命活动总是重要的，在这些庆祝活动中，首先是纪念生命开始或更新的最初时刻。这是关于历史和未来的，如果你不知道自己从哪里来，那也很难知道自己在哪里，以及要到哪里去。

真正的庆祝是让你到达那里——到达那个过去的成就和未来的期望交汇的美妙瞬间，也就是我们所说的“现在”。对于这个新兴组织来说，在当前的时刻站稳脚跟是至关重要的，因为还有很多事情要做，没有比现在更好的时间去开始了。举办一次好的聚会是一个很好的开始。

引导“悲伤疗法”的过程是“乘浪者”的一个重要工作。当领导组织达到更高的绩效水平时，很少有什么事情可以做出更大的贡献。即使在非常普通、平凡的情况下，也不可避免地会有许多痛苦的结束。

从世界范围来看这些事情，这些结束看起来很小，甚至微不足道，但对于那些身处其中的人来说，情况就大不相同了。简单地关闭一个部门，升职落空，某个宠物项目被反对，都足以启动“悲伤疗法”的过程。

但是，只要这个过程持续下去，在很大程度上，那些与之密切相关的人就会被排除在行动之外且在组织层面无法做出什么贡献。如果过程终止，或只是停滞不前，那么整个组织的成本可能是相当大的。

最终的结果是，出现了大量所谓的“行走的受伤者”，即那些尚未解决结束问题的幸存者。他们并未为组织的成长和发展做出积极的贡献，而是被困在震惊和愤怒中，通过否认与现实隔离，或者在最坏的情况下，他们会成为绝望的囚徒。

尽管这类人员的数量非常少，但即使对于最强大的组织来说，这也是一个沉重的负担。解决问题的答案很简单——让“悲伤疗法”继续进行下去。

第 17 章

第八步
使系统正式化

你可能会以为我已经把正式系统忘得一干二净了。不是这样的，但考虑的顺序正好与传统程序相反。按照惯例，我们将从组织设计开始，接着实施，然后进行一系列持续的修复，或者称为重新组织。在自组织的世界中，所有系统设计和实施的繁重工作都由系统本身负责，这就是为什么它被称为“自组织”，但仍有许多工作要做。

在前面讨论正式系统的时候，我说过它在有边界的情况下非常有用，这里的边界是指那些系统与外部世界接触的点。对于客户来说，必须有一个明显标有“投诉台”的位置；当银行的人看到一个标有“财务主管”的位置时，他们会更高兴。

对于新人来说，必须有足够多的连接点，让他们能够沿着这条道路成为一名优秀的员工，直到他们发现“露西”的那一天。为了让这一切以某种有效的方式发生，清晰的地图和标志是必不可少的，地图必须反映真实领土，标志也必须清晰明了并且位置要摆放好，但在任何情况下，地图都不会创造新的领土。

对正式系统的需求是真实的，但最好适度地满足。这可以通过不断地问这样一个问题来实现：维持系统功能所必需的正式结构和程序的最低程度是什么？答案是越少越好。

不必要的结构和程序只会阻碍自组织持续的过程，它们会让人讨厌，甚至可能让一切都慢下来，官僚主义让一切变得一团糟。那要如何实现系统的功能呢？可以通过仔细关注系统是如何组织的，然后以极简的方式创建正式的结构来支持和维持组织功能。

举个例子来帮助理解。几年前，当美国州立大学大规模扩张的时候，常规做法是先设计和建造整个校园，然后再让学生进入。

设计师、建筑师，包括景观设计师和工程师们为校园建设主路和小路，但当学生们实际出现时，结果却不是人们所预期的那样。

虽然有很多条道路，有的还有路标，但学生们通常会走任何他们想走的路。在很短的时间内，新的道路就会穿过景观花园，从而产生许多混乱。然而，不管树立了多少路标和围栏，学生们（一个完全的自组织系统）都不服从管理。

多亏了一个突发的灵感，令人们最终恢复了理智，并节省了大量资金。经过讨论，最后的解决方案是，学校决定先让学生们进去，让他们创造自己的道路，然后简单地铺平那些走过的道路。

正式系统的创建从仔细观察系统开始，因为它已经组织好了自己。要记住，随着系统的发展和成长，它已经创建了许多连接点。对于外部世界和新来者来说，这些连接点可能显得相当奇怪，它们的名字在标准的公司词汇表中是找不到的。但是，如果这些功能正在被执行，就不需要多余的组织层次，尽管规范化命名、改成更加传统的外观可能会使系统更加井然有序。

一个典型的例子是一家叫作 Veda 的小型系统工程公司的区域办事处。这间办公室坐落在一家中式洗衣店前方一处极不显眼的地方。

尽管有诸多限制，但它显然是一个使用良好的工作空间，装饰风格可以说是杰克逊·波洛克（Jackson Pollock）和安迪·沃霍尔（Andy Warhol）的结合，墙上随意地泼洒着油漆，点缀着项目管理图表和 Veda 员工及其最喜欢的客户的漫画。

按照任何合理的标准来看，这间办公室都是一团糟；更糟糕的是，墙壁本身是临时的，而且多次被移动过，地板上还有钉子洞。然而，当 Veda 搬到一个新的迷人的环境时，情况改变了。令人惊讶的是，没有人对这次搬家感到高兴。

这种不愉快部分缘于对旧地方的眷恋，但也有实际的原因。墙壁上实际描绘了组织的历史，当新员工加入时，对 Veda 的使命和文化的培训几乎是耳濡目染的。当他们坐在房间里时，每一幅画、油漆的溅射或地板上的一组钉子洞，都成为讲述故事的机会——这是老员工们最高兴做的事。离开这个灵感和教育的源泉并不是一个愉快的记忆。

当这栋楼要被拆掉时，Veda 的员工提出要把他们的墙拿走，房主很高兴。一进入宏伟的新办公大楼后，这些古老的文物被恭敬地挂在一个新粉刷的大房间的墙上，房间里有一个醒目的入口标志：企业博物馆和员工培训。这是一个以前存在的、自组织功能的专用名称，虽然新的环境缺少一些旧的气氛，但最初的目的依然存在。

为大型组织创建正式系统比这个简单的例子要复杂得多，但我认为过程本质上是相同的。让系统告诉你它选择在哪里和如何运行，然后以最简单和最具成本效益的方式优化该功能。

当试图理解和描绘新兴组织的本质时，最好记住，即使在组织生命的最初时刻，结构也会出现。“瞬间”这个词可能并不适用，但与我们在旧规则下所需要的时间和精力相比，组织的速度接近光速。

从系统开始自我组织的那一刻起，结构和程序就出现了。因此，在庆祝愿景到来和组织启动的精彩派对上，组织的过程已经在顺利进行。

这个新兴组织的结构可能难以感知，但它仍然在那里，当参与者记住他们的历史并考虑他们的未来时，组织结构就会出现在对话的旋涡和模式中。一些集团会对新产品着迷，另一些会关注融资，还有一些则在深入讨论制造地点和潜在员工。

假设这个组织比庆祝派对持续的时间更长（有些不会），兴趣点（关心的纽带）将被确定，并通过新兴的或现有的关系网络联系起来，这当然就是自组织。因此，在最初的时刻，自组织的力量也在发挥作用，当涉及结构和程序时，两者都已经存在了。当我们进行企业的正式化（制作地图）时，需要考虑这些结构和程序。

在这一点上，一个关键的步骤就是我所说的“按清单进行组织”。在其基本形式中，该方法从一些类似的业务（通常是一个较老的和成功的业务）的组织设计开始，并简单地将其作为一个模板使用，使其他任务都能按此炮制。

好消息是，完成之后，就可以发布一个优美的组织结构图了，并带有所有的支持文档。坏消息是，组织结构图与新兴组织几乎没有联系，更糟糕的是，它将引入不需要的结构和功能。显然，这是“维持组织所必需的最低水平的正式结构”的直接对立面。

也许这就是最初的热情，但当自组织现象首次被发现时，混乱的作用得到了首要关注。毫无疑问，混乱是重要的，而且非常普遍，但混乱不是唯一的东西，还有秩序。

正如迪伊·霍克用他创造的美妙的词语“混序”（Chaordic）提醒的那样，生命在混乱与秩序之间的古老舞蹈中运行。当混乱成为主导模式时，会有令人不安的时刻，但也同样会有秩序出现，这个时期有时会持续很长一段时间。

当这段时期发生时，进程完全配备了标准的程序。使系统正式化的一个重要部分就是记录这些程序，并让新来者可以使用它们。

同样重要的是要不断认识到，标准程序就像正式系统的其他方面一样，它只是地图，这些地图将使复杂的生产过程和其他常规事务（从人事到财务）的有效执行成为可能。但归根结底，它们仍然只是地图，会随着系统自身的发展和适应发生变化。

简言之，是系统驱动程序，而不是反过来。任何情况下，程序都不会创建系统，否则就是本末倒置了。

需要的组织

如果组织正式化的过程完全由组织自己掌握,那么遵循“必要结构的最低水平”的原则就相对容易了。然而事实是，外部力量需要组织结构，而这种组织结构本身与该组织的有效运作没有什么关系。

例如，银行、股东和政府机构要求一定的结构和程序，从他们的观点来看，所有这些需求都是有用的和合理的。这时，企业的结构与其说是由内部的需求决定的，不如说是由外部人士的心血来潮和命令决定的。

对于这种情况，有几种可能的解决办法。如果所需的结构只是一种形式，例如建立一个委员会，一年召开一次会议，以保证选举的结果或其他，显而易见的解决方案是创建一个委员会，一年召开一次会议，在尽可能少的时间内按要求做事。然而，如果需要的结构所附加的东西更复杂或持续更长的时间，则可能需要一些其他的策略。

乔纳森造船厂设计了一种有趣的方案来满足客户对结构的需求。乔纳森的主要客户是美国海军，后者希望所有承包商都有一个详细的组织结构图，原因很简单，海军想知道当军舰出现问题时该打电话给谁。

乔纳森面临的问题是，公司的组织结构基本上是为每艘船重新配置的，因此，任何单一的组织结构图在大多数情况下都是根本错误的。

乔纳森的解决方案非常聪明，它用计算机详细记录了每艘船的所有相关工作——过去、现在和未来的。计算机记录的开始部分显示了这艘船的组织结构图，在这张表上，有些人是项目主管，而在另一些表上，这些人则只是个小职员，这一事实可能会让局外人感到困惑，但在乔纳森看来，这是完全合理的。此外，乔纳森的人知道，海军某艘船的船长（或他的合同专员）很可能一次只看一艘船——他的船，当他看了一眼后，他就知道了所有他想要或需要的信息。

乔纳森的解决方案可能会令人不安，因为这近似于维持两套账簿的可疑做法，但问题不在于有两套或多套账簿，而在于它们如何被使用。

如果其意图是在那些既有需要，也有权利知道的人面前隐藏不道德的行为，那么这种做法不仅值得怀疑，而且是犯罪行为。然而，如果意图是转换——把实际操作转换成能够被外人或新来者准确理解的术语，那么情况就完全不同了。

准确的转换代表着一种核心技能，它能够为新来者和外人提供有用的"领土地图"，其关键在于理解不同人的不同需求。一张旅游地图，足以让游客找到一家有趣的餐厅，但对于一个想要躲开埋在地下的电缆和水管的承包商来说，是没有用的。银行、供应商、客户和新员工也是如此。每个群体都需要他们自己的专门地图，以获取他们履行职责所必需的信息。

如果没有其他原因，外部群体的需求是有限的，那么给外部群体制作地图也是相对简单和直接的。正如我所提到的，送货卡车的司机只需要知道装货码头的位置和工作时间。当然，当与其他群体打交道时，情况会变得复杂得多，尤其是新员工。

让新员工能够跨越边界，成为高效的公司员工，显然是最重要的。而创建一个直观、清晰的结构来引导他们是必不可少的。

一些组织没有为员工提供任何信息。就如同当一位游客问镇上有没有标志时，被告知："好吧，如果你属于这里，你就会知道你在哪里。"我想其中有一定的达尔文主义的智慧，但它很难对员工的积极士气有所帮助。

与之相反的是，其他组织只是简单地把新员工淹没在大量的信息中，这种方法在本质上与完全缺乏信息具有相同的效果，组织没有必要告诉新员工所有的事情，只要告诉他们一些必要的事情，让他们上路就可以了。一旦上路，他们就能（或不会）找到路，如果运气好的话，他们很快就会认识“露西”和她的同事们。

沟通、筒仓和圆圈

所有功能良好的自组织系统的命脉都是关于内部功能和环境条件的信息。在某种程度上，如果这些信息不够准确，而且不能自由流动，系统的功能就会下降。原因很简单，如果没有必要的信息，适应过程就会变慢，或者停下来。对于一个复杂的自适应系统来说，这就是结束。

在系统正式化的前提下，确保准确信息的自由流动是最重要的关注点之一。应该注意的是，这与组织系统无关。相反，其目的是使系统能够自己完成只有系统才能做的事情——只要有效的沟通手段随时准备着。

有效的沟通首先取决于我们所支持的组织的心智模式，而圆圈则具有明显的优势。圆圈中简洁而优雅的沟通方式与常见的组织结构图中所描述的方式形成了鲜明的对比。

但糟糕的是，许多组织采用了“筒仓”（Silos）心智模式。

垂直密封的筒仓，坚定地防止大群人的入侵，与其他筒仓的连接也很少，只有在顶部才有。

我可以大胆地想象一下，一座座狭窄的人行天桥在风中摇曳，主管和副总裁们每个月去参加一次高级执行委员会会议时才磋商一次，当然是在所有“筒仓”中最孤立的行政办公套房中进行。

“筒仓模式”不仅阻碍了沟通，而且还大大影响了士气。即使有信息，也只会传递给那些被认证为“需要知道”的人。不可穿透的“筒仓”被认为具有保持一切处于控制之下的优势，如果它们真的成功了，组织将会因为缺乏支撑（信息）而灭亡。

大多数的“筒仓”都是漏洞百出的，而且可以肯定的是，非正式的沟通系统会超速运转。但这有一个不幸的后果，由于非正式沟通系统受到压抑，所以它转入地下，并开始反映其受压迫的现状，情况变得很糟糕，谣言满天飞。但是人们还是会沟通的，而且他们确实沟通了。

对组织来说，“筒仓模式”存在的理由是对安全性的需要，特别是在专有信息方面。毫无疑问，总会有些卑鄙的人正准备带着公司的财富跑路。尽管如此，我在安全行业的朋友们告诉我，保护敏感信息的第一步，也是最好的一步，就是要有一群专注的人，他们关心这些信息并理解其价值，当人们不关心和不理解时，要达到真正的安全几乎是不可能的。更糟糕的情况是，人们对这个组织持消极态度，不管“筒仓”有多高，保护得有多好，它们可能都是筛子。

自由、开放的沟通，能够促进并影响持续的自适应过程，对任何自组织系统的持续健康都是至关重要的。圆圈是这个系统的一种有效的心智模式——圆圈中间没有任何东西，所有的沟通都是直线和直接的。但是我们怎样才能使这个系统正式化，以支持和维持这样一个流动的状态呢？

25 年前，这个问题的答案很大程度上取决于物理空间上的接近程度。使系统正式化以支持沟通，通常意味着要创建一个鼓励信息自由交换的物理空间。具体来说，就是采取了“企业校园”（Corporate Campuses）的形式，为所有成员创建一个有吸引力的合作地点，建筑内开放办公的布局也有利于邀请式交谈，再加上今天看起来有些原始的电子设备（电话、传真、电报、录像机），这幅画面就完整了。

物理空间的接近和面对面仍然很重要，但现在随着互联网及其各种形式和功能的网络平台的出现，我们进入了一个新的现实世界。

在新的电子环境中，时间和空间的约束发生了变化，几乎消失了。每个人与其他人之间的距离都是相等的，时空位置不再那么重要。这就是一个大圆圈。

不久以前，如果你问某人的地址，你会被告知诸如“第 4 街和梧桐街”之类的答复。到了今天，答案很可能是“hhowen@verizon.net”，也许更令人好奇的是，有些组织在时间和空间上并不存在，它们只是一个网站、一个域名。但这种新的现实很快就变得司空见惯了。

互联网对我们目前讨论（使系统正式化以支持快速和有效的沟通）的重要性应该是显而易见的。我们需要它，它是有效的。可能不那么清楚的是，互联网究竟在多大程度上促进了自组织现象以及我们对这一现象的认知。

早期，大多数人将互联网视为一种新的通信工具，是对他们现有工具的扩展或改进，因此，电子邮件取代了传统信件。然而，真相要深远得多，互联网本身就是一个自组织系统。

显然，有些人已经编写了程序，制造了服务器和台式机，但这只是开始。互联网一旦开始运作，就有了自己的生命，没有人能控制它，尽管很多人尝试过。新兴组织已成为一种日常现象，不需要首席执行官、执行委员会或中央计划机构的管理，一切都是自己发生的。

互联网的自组织性质本身就很有趣，但我们当前需要关注的是，互联网是自组织系统（你的企业或组织）的天然的甚至是必不可少的伙伴。互联网具有灵活性，能够跟踪和影响对企业健康发展至关重要的沟通系统。

当互联网进入你的组织生活，甚至成为你的组织生活时，非常实际的信息共享的需要，将以最协同的方式迅速得到解决。一个自组织系统以一种完全无缝和共生的方式，协助另一个自组织系统。还有一个好处是，互联网可以在你使用系统时绘制你的系统地图，而且基本上是实时的。

对于那些需要某些商品的客户来说，只需要输入问题就可以获得关于在哪里、何时以及如何处理等所需的信息。运输卡车采用这种方法也可以很容易找到装卸码头和操作时间。显然，所有这些（甚至更多）现在都是常见的做法。像亚马逊这样的巨头已经把这种做法提高到了高级艺术的水平。当需要寻找客户和供应商时，人们会感觉非常便利，但我会把它看作高超的地图绘制——最终的系统正式化。

正如我们所看到的，当有了共同的关心，纽带就形成了，自组织就开始了，富有成效的工作就完成了。我不能向你保证这一定会实现，但有一点我很确定：在没有关心的情况下，不会发生太多有效的事情。

如果某个新来的人发现没有什么值得关心的，他可能会另找工作，如果不这样的话，他可能会给自己和同事带来更多痛苦和挫折。这也是“双脚法则”的练习。

拥有一个完全准确和可访问的组织地图的想法，可能足以推动安全意识，以分散注意力。因此，使用密码保护来限制访问是非常合理的，但请注意，这里有微妙的权衡。

极端的安全性将意味着自组织系统的命脉受到痛苦的限制，也意味着非正式（沟通）系统将进入超级扭曲状态，因为关心的人们会想方设法做他们的工作，即使他们不得不利用幕后渠道。

最终的结果将是，组织中相当大一部分真正有创造性的工作将被转入地下，呈现出革命的味道，而对组织整体来说，基本上无法作为灵感和协同创新的来源，所以问题就变成了——你能有多开放？最佳的答案可能是这样的：比你感到舒服的开放程度要多一点，比一些人期望的开放程度要少一点。

随着互联网在组织世界的出现，正式系统和非正式系统之间的力量似乎已经准备好要转换了。事实上，它很可能已经转换了。这让那些认为正式系统至高无上的人感到震惊。有人可能会把互联网看作“终极的饮水机”，现在每个人都被邀请进入“露西的圈子”。是否接受邀请只是个人选择的问题，但现在已经开放了。看来，“露西”和非正式系统不仅已经从地下活动转为地上活动，而且也即将接管整个系统。

可以肯定的是，有些人认为这种开放式访问是对正式系统的主导地位及其权力、控制的真正威胁。因此，他们将努力限制和约束访问，但这将是一项困难的，也许不可能完成的任务。

网络的绝对冗余使得关闭网络成为一项艰巨的工作，只要设置一个障碍（网络障碍），那么自组织系统就会很自然地创造出一个新的解决之道。

当然，有一个办法可以解决这个困难——就是拔掉网线，虽然有效但代价巨大。关闭网络时，几乎所有的信息，至少在一个快速变化的世界中所有对快速决策有用的信息，都会停止流动。

正式领导

正式领导是被指定的边界管理者，是与外部世界的官方接口，包括供应商、服务提供商和其他相关方，以及组织的新来者。

最后才考虑到正式领导，这并不是说它不重要，而是在这之前，先了解组织边界的性质和服务对象是十分必要的。

创建正式领导结构最好是适度的，就像正式化系统的其他方面一样。不要像一些当代的组织，其中每个人似乎都在组织结构图上占有一席之地，通常都有一个副总裁的头衔，去精简这些头衔将有助于组织更好地服务人们的需求。

问题的关键不是给每个人一个头衔，而是要清楚地指出，外人和新来者可以向哪些人寻求恰当的信息和支持——不多，也不少。

事实上，那些占据了头衔位置的人现在所做的一切都是源于过去的经验知识。这将意味着，我们在选择正式领导的候选人名单时，前面提到的“真正的领导”的条件，必须成为一项基本的选择标准。

有头衔的职位并不意味着天然被授予或保证有领导的权力和特权，所有这些都来自热情和责任的融合，是热情和责任创造了“真正的领导”。组织结构图并不创造领导，更不用说创造领导者了。如果那些拥有头衔职位的人只不过是个占位者，那么发生一些变化对于组织来说也是正常的。

薪酬

组织结构图在历史上有许多功能，其中之一就是作为薪酬计划表的基础。人们认为，那些在组织结构图中占据较高位置的人应该得到更高的薪酬，处于相同水平的人应该得到同等的薪酬，而那些不在组织结构图上的人得到的则是最低薪酬。领导者得到的更多，工人得到的更少，你可以通过组织结构图上每个人的位置来判断他们是谁，或者他们根本不在图上。

如果多年来组织形式变化不大，工作职能的细节可以精确定义，并允许预先设定薪酬计划和职业晋升阶梯，那么这种安排显然具有逻辑性和公平性。

然而，随着我们逐渐了解自组织系统的性质和功能，特别是作为自组织的业务，旧组织结构图原本令人舒适的逻辑、稳定性以及相关的薪酬计划都会产生严重的问题。

在某种情况下，某个特定的人可能同时是多个不同项目的领导者或工人，所有这些都可能在瞬间改变，这时要提供足够和公平的报酬变成相当复杂的事情，但什么才是合适的替代方案呢？

我承认自己并不具备会计和薪酬管理的技能背景，但我突然想到，独立顾问的世界或许能提供一些线索。对于局外人来说，将咨询行业视为一个组织可能非常困难，但作为一个局内人，我过去 25 年来的看法是，它是完全自组织的。

独立顾问有协会、网络和共同的项目，任何时候，他们可能是领导者或者工人，而且经常同时兼任这两种角色，从来都不存在永远的领导者。也许这看起来比较令人困惑，但这对我们来说也是有意义的，毕竟我们得到了报酬，至少在大多数情况下是这样的。

这种模式是否适用于更广泛的领域，我还不能确定。这只是为了强调我在"'乘浪者'培育指南"这一章节中所提出的观点，我相信你会发现这是有效的。

第 18 章

生命中的一天

想象一下，这是一个标准的周一的早晨。你的收件箱塞满了各种请求、报告，还有可能是好主意或非常糟糕的主意的小字条。每一张纸或每一个电子符号，只是一个复杂的网络在时间和空间上向外的延伸，远远超出你能看到或感知到的范围。

财务报告反映了一个你从未去过的国家的货币涨跌所带来的震撼，这个国家的文化你只是从报纸上了解过。一位同事的辞职听起来直截了当，像是在寻求新机会，但没有任何信息说明为什么会这样。一个来自科学领域的竞争对手宣布了一项新技术，但你甚至连它的名字都不会拼写。以上这些只是在收件箱的顶部，下面还有很多，而这只是周一的早上。

你的第一杯咖啡正在变凉，你必须从这些邮件中找到有用的信息，足以让你找到正确的方向，并卓越而高效地完成任务。更有趣的是，这不是一个普通的周一早晨，而是你期待已久的新工作的第一个周一早晨。尽管不是首席执行官，但你有自己的部门——现在怎么办呢？

你要做的第一件事可能就是来杯新鲜的咖啡。你当然可以喝杯咖啡，利用这个远离收件箱的时间，在你的第一次员工会议之前好好清理一下大脑。而且，你还有个任务，就是找到“露西”！

你是一个新来者，一个未知数，不要期待立即受到欢迎，更不要指望你会获得所有最新信息的特权，但要坚持下去。“露西”就在某处，你需要她就像她需要你一样。

现在该开员工会议了。你感到有点内疚，因为你没有仔细准备会议议程，而每个人都知道这对于一个富有成效的会议来说是绝对必要的，而你就直接进去了。

对于那些欢迎你的新员工，大多数你只知道他们的名字，你邀请每个人想出他们对部门中的哪些问题特别有热情，把它们写在一张纸上，然后贴到墙上。在短暂的震惊之后，他们照做了，很快墙上就贴满了纸。

看起来确实很混乱，但如果你想知道部门的人到底在想什么的话，那这些全都在墙上了，这花了大约 10 分钟。然后，你要求每个人就他们想要解决的问题报名，并协商一下讨论的时间和空间，小型讨论组就这样在房间里形成了。

当你在浏览贴出来的主题时，你会发现，每一个你认为可能重要的问题都在墙上，当然还有一大堆你从未考虑过的问题。在接下来的 1 个小时左右的时间里，讨论非常热烈，你除了从一个小组走到另一个小组，真的没有什么可做的，最重要的就是倾听。

当讨论声音逐渐变小，你要求每个小组的领导快速总结他们已经做了什么，下一步他们需要继续做什么，然后就到了午餐的时间。令人惊讶的是，只用了两个多小时，系统就完成了自我映射。

对于第一轮来说，效果还不错。除了发现热点问题，你还很好地推动了团队的自然流动，更有趣的是，还推动了参与者的个性和互动。

还有一些惊喜：那些你第一次会议上见到的，以为他们即将退休的、没有贡献的人，在这里他们却表现得非常活跃，非常有贡献，这也许就是“真正的领导”，而一些所谓的“超级巨星”似乎也不再是什么超新星。

而你实际上什么也没做！没有事先准备好议程，没有集中讨论、引导和捍卫自己权威的紧张时刻，你只是走来走去，听着，所有事情就这么自然而然地发生了。这就是“乘浪”的意义吗？可能不是，但至少你知道水在哪里，稍加练习就会乘浪前行。

午餐后，你深吸一口气，但几乎立刻就被腰带上传呼机的轻微振动打断了，你被叫回办公室！你又喝了一杯咖啡就回去了。

有两条信息，第一条来自公司员工，说你们部门一个重大的新产品项目已经获得批准，而且是非常优先的，必须现在就做！

第二条信息，也是最令人不安的一条，来自其他部门的经理。他明确表示，虽然他完全支持这个项目，但他绝对反对由你的部门来主导。听起来像是大量的混乱、困惑和冲突。这只是你上班的第一天。

你的几个员工还在会议室里完成上午的工作。你分享信息并询问他们的意见，人们的第一反应是既高兴又震惊，他们很高兴这个项目取得了成功，因为他们都为这个项目的发展付出了长期的努力。他们对其他部门经理的反对感到沮丧，这让他们更加痛苦，因为来自该部门的支持和合作对项目的成功至关重要。这可怎么办呢?

一些老员工建议由高层直接干预，毕竟公司已经明确了方向和责任分配，现在是时候看看他们是不是认真的了，首席执行官的一句话就能让反对者明白过来，但这样做缺点是显而易见的，权力干预可以压制反对派，但所需的支持和合作也可能消失，导致项目失败。

还有另一个选择：打开一些空间，看看混乱、冲突和困惑的旋涡能否找到某种新的、更高层次的复杂秩序，只要它们有空间以一种有效的方式相互接触，就会有效果。实际上，这似乎是唯一的选择，因为权力博弈的最终结果无疑是代价惨重的胜利。地盘得到保护了，但项目失败了。

时间在流逝，但开放空间只需要一点点准备，只需要一个碰面的地方以及关心的人。幸运的是，大会议室是可用的，然后你就可以向所有你能想到的可能关心这个项目的人发出邀请了。时间是明天上午 9 点，主题是创建一个成功的项目。

上午9点房间就满了。不仅有相关人员（你的部门和反对者），还有其他各种各样的人，他们出于自己的原因，也关心这个项目。

随着开放空间的进行，人们离开圈中的座位，宣布他们关心的与项目成功有关的特定问题。“地盘之争”也是提出的问题之一，但它很快就被技术开发、营销、资源和未来行动等一系列问题淹没了。

在这一天中，小组形成了，讨论在流动。令人惊讶的是，当人们讨论到新的想法、方法和合作领域时，上午紧张的对峙已经让位于某些更令人兴奋的事情。很明显，他们的共同点要比不同点更多，尽管不同点仍然存在，然而，你和你的反对者之间的对峙，已经被聚集在一起的团队的能量和热情所包围——一切都是为了项目的利益。

当这一天接近尾声的时候，很明显一切还不是那么美好，也不是那么完美，事实上，还有大量的工作要做。但同样清楚的是，人力和能量都已到位，可以推动这项工作了。

值得注意的是，这不是你做的，更重要的是，即使你想做，你也做不到，因为这些碎片太复杂了，力量太强大了。尽管如此，你的存在也是非常重要的，但不是为了指挥和控制，你所做的只是邀请任何愿意一起创建新项目的人，然后打开空间。

在接下来的几天里，新项目开始了，以一种与传统的方式截然不同的方式开始了。最令人吃惊的是，这个项目不再是“你的项目”，甚至不是你所在部门的项目，它现在显然属于所有关心它的人。这个关心的社群因其多样性而引人注目，它不仅跨越了部门界限，包括那个曾和你对峙的部门，而且还包括一些外部人员，包括潜在客户。

当客户们出现在最初的聚会上时，很多人都扬起了质疑的眉毛。毕竟，在专利机密这样棘手的问题上，事情可能会失控。当然，类似的担忧也存在于你自己组织的其他部门中。有什么可以阻止有人抢走整个项目吗？很明显，赌注很大，如果你想得太多，肯定会很紧张。这些担忧当然代表了硬币的一面，但另一面则显示了非常不同的面孔。

在硬币的另一面，从最初的集会中显现出来的创造性互动水平确实很棒。围绕共同关心的问题而形成的小组继续面对面或通过电子方式沟通，推动他们关注的问题朝着有意义的解决方案发展。一些人经常见面，另一些人则几乎不见面，还有一些人从未聚在一起，他们要么得出了一些有用的结论，要么认为他们认定的问题不值得进一步研究。

试图追踪这些小组讨论是完全不可能的，除非在第一次聚会之前就已经创建了专门的网站，在每一个小组开展工作时，都发布其关于当前活动和未来努力的报告。

所有感兴趣的人都可以搜索到这些不断增加的复杂信息，了解正在发生什么，并提供建议和帮助，在需要的时候，创建新的行动节点（关心的纽带）。这个项目已经成了一个有生命的东西，在不断适应新出现的机会和挑战，并且所有这些都以无法想象的速度在发生。

这确实令人兴奋，也发生了一些有趣的转变。当人们投入工作时，想法和提议不断地出现，其中大部分出现在网上，但咖啡台经常是激烈辩论的场所。非正式沟通系统以一种奇妙的方式，成为一个强大而积极的盟友。它不再是阴险的流言蜚语的邪恶巢穴，而是变成了一个关键的交汇点。在这里，新的想法可以被审视，新的联盟可以结成。

当然也有不少激动人心的时刻。当人们参与进来，热情高涨时，冲突是不可避免的。有时候，对立方似乎要撕裂彼此，直至最终损害这个项目。但就在灾难似乎不可避免的时候，你想起了那句重要的话：保持空间开放。

在其他时候，你可能会认为，抑制热情并解决冲突是你的特殊职责，但现在很明显，热情是项目成功的关键引擎。与此同时，你深刻地意识到，利益和思想的复杂交织远远超出了你的理解和处理能力，即使你有足够的经验和能力。

事实上，只有冲突各方自己掌握着关键信息，只有他们才真正知道细节，他们是必须在一起工作的人，或者不是。那解决方案呢？打开一些空间，邀请那些关心的人进来，找到前进的道路。

下面的例子可以很好地说明这一点。有一个工作组曾负责改进产品设计，以便更好地满足市场的需要，但它突然发现自己处于一个十字路口。一部分人赞成一种设计，其余的人则倾向于另一种。

电子邮件四处飞散，一小群人聚集在咖啡台，在一段时间里，不断加剧的冲突可能会使整个项目脱轨。就在那时，你的电子收件箱里开始出现来自各方的诉求，建议你使用部门主管的权力做出决定。

事实上，你有这个权力，老实说，你也有你最喜欢的解决方案。做出选择并不是什么大事，至少在纸面上是这样的。在代价方面，这个工作组（像其他工作组一样）是由来自公司各个部门的个人和客户组成的，他们选择投入他们的时间、精力和专业知识，因为他们愿意这样做。如果你先发制人，消除他们关心的对象，他们很快就会找到更好的事情去做。这本身可能是一个可以接受的代价，但公平地说，你也不得不承认两种设计都有优点。

带着这些想法，你决定在咖啡台花一点时间，因为那里经常可以找到争议的双方。当机会出现时，你不经意地提到，也许实际上有两种设计和两个市场，不是只有一条正确的路，可以两条路都走一下，看看会发生什么。

这个非正式沟通系统只花了很短的时间就渗透进去并完成了工作，然后接下来你就听到，这个团队决定拆分（创造性地使用了“双脚法则”），同时追求两种设计。你的一些部门主管抱怨这样效率低，缺乏执行力，但你觉得，两个产品对应两个市场，最终可能会成为一个了不起的双赢，时间会证明一切。

随着产品推出时间的临近，工作小组自然而然地集中精力，并开始讨论实施所需的细节。你从一开始就表明了一个符合公司生命周期和目标市场周期的时间框架，但你从来没有使用你的权力来强制执行这个时间表。事实上也没有必要，因为参与的人似乎完全是为了把他们的产品推向市场，所有人把精力和时间都奉献给了企业，而且是作为一个整体做出贡献。

至于“双设计”的策略，结果证明是对的。其中一个设计（你最喜欢的）最适合当前的机会和资源。而第二个设计也几乎没有什么损失，有一段时间他们似乎消失了，缺少官方预算和批准，但是当他们再次出现的时候，所需要的各种资源就如魔法般被释放了。在一个晴朗的日子里，一切都井然有序，他们提出要求，希望自己设计的产品在公司的产品线中占有一席之地。当然除了计划部门不高兴外，其他人都在享受着额外增加的利润。

所以这只是一个童话故事吗？也许吧——至少在你把它变成你自己的故事之前。这也是事实，这一切都在现实中发生过，尽管不一定是按照给定的顺序。而下一个故事，绝对是一个真正的“乘浪者”的故事，迪伊·霍克，VISA 国际的荣誉首席执行官，讲述了他亲身经历的故事。

“乘浪者”迪伊·霍克

根据彼得·圣吉在迪伊·霍克的著作《混序：VISA与组织的未来形态》的前言中所说，VISA国际是当时世界上最大的商业组织，营业额是沃尔玛的10倍，市值是通用电气的两倍。

除了其庞大的规模之外，我们之所以特别关注它，还在于它成长和存在的方式。与几乎所有类似的组织不同，它没有一个强权的首席执行官，也没有一个精心设计的战略计划和组织结构，尤其是缺少严格的指挥和控制机制。

据迪伊·霍克说，VISA国际公司已经成长为一个自组织的系统，一个大自然的孩子，一片茂密的热带雨林。在下面的故事中，霍克描述了VISA国际诞生过程中的一次早期的冒险历程。

在霍克的故事发生时，VISA国际甚至还不存在。故事的场景是在银行里，霍克和他的同事努力投入狂热的信用卡业务。之前没有人做过这样的生意，虽然有一些计划和程序，还有一些基本的设备，但把它们组合在一起是一次全新的冒险。当时最紧迫的任务是要邮寄100 000张信用卡给它们的新主人，而这简直是一场灾难。

在他的书中，霍克写道：

“有些事情是可悲的错误。表单进纸器不能与打印机同步，两台机器经常会卡住。当信件不规则地从打印机中出来时，切割和折叠机器会把一些信件切成两半，把其他信件弄皱。而技术人员只能弯着腰，把头和手都伸进机器里进行维修。供应商很快就坦白了，整个装置都没有经过测试，他们以前从未使用过。这是一个可怕的失败。

“鲍勃和我走到储藏室附近的一个安静的角落里互相安慰。已经没有多余的时间留给我们了，如果明天早上不把信件寄出去，整件事情就完了。我们怎么向马克斯韦尔·卡尔森（Maxwell Carlson）解释我们的失败呢？十万客户还在等着他们的信用卡，成百上千的商户在等着那些客户！我们的大脑在加速运转，千方百计地寻找出路。当时鲍勃正靠在扫帚的把手上。

灵感往往在绝望的时候出现。鲍勃可能正靠在我们需要的“答案”上吗？我们迅速拧下扫帚把手，冲到那堆信件前，用扫帚把手把信件卷起来，然后用力把它们抬起来。由于可能需要连续抬半个小时，也许更长时间，或者我们可以把它支在柜子上，用扫帚把手做轴是个不错的选择。还需要第三个人把表格导入电脑，这样三个人的团队就足够了，这样可能行得通。其他人员可以在信件从打印机出来的时候把它们卷到扫帚把手上，只要有足够的人手，我们就能把全部信件都打印出来。我们可以改天再考虑剪折的事。

“我们把这个区域的所有人都召集在一起，印刷公司高管、银行职员、程序员、操作员、门卫……所有人。需要他们晚上工作，没有老板，没有程序，只需要抓住问题并解决它。如果需要帮助，那你就请求；如果想提供帮助，那你就去提供。

“没有人知道正在发生的一切，也没有人有时间去关心。我们必须信任彼此。早上6点，最后一卷纸从打印机上打印出来。一群疲惫而快乐的兄弟姐妹回到家，准备在下一场考验开始前睡上几个小时。当我们在熬夜工作时，有人不仅声称有权在晚上工作，而且还声称将来的工作要把信件分开并折叠，让项目回到正轨。未来就这样发生了！创造力？热情？混乱中的自发秩序？看起来是这样的，只要不失控。”

如果我能够说，迪伊·霍克是阅读了我关于在自组织环境中运行的建议，那我会非常高兴。但是这次冒险是发生在1966年的某个时间，那时我正在华盛顿特区的街道上做社群组织，而开放空间技术还没有从马提尼酒杯的底部出现。

尽管如此，我相信你可以很容易地看到一个非常有能力的“乘浪者”是如何走向高绩效的。显然，霍克做了功课，并尽他所能制订了一个计划。

当信件被切成碎片，散落在地上时，霍克本可以把责任推到每一个可能的候选人身上，如从技术人员开始。作为在场的高管，他本可以大声宣称自己的控制权，尽其所能从混乱中恢复秩序，回到“计划”上来，但他没有。

相反，他只是打开空间，邀请（显然不是命令）每一个关心或可能关心的人，把他们的全部自我（热情和责任）投入任务中。虽然他们不是坐在一个圆圈里，但旧的组织结构图中那种死板的等级制度已经不复存在了，如果你要画一幅新兴组织的画像，它可能是一个由伙伴和同事围成的圈子，所有人离圈子中间的马克笔都不太远。然而，给任何高速运动的群体画像都是很困难的，“双脚法则”还是应该被遵守的。

至于“四大原则”，显然它们都在发挥作用。没有人担心“对的”人不在，因为“对的”人显然在场——就是那些关心的人。当然，没有人有时间为可能发生的事情哭泣，因为当他们专注于当下那一刻的时候，他们知道“发生什么就是当时只能发生的事”。

没有时间线或时间表，即使有，也没有效果——“无论何时开始都是适当的时间”“结束的时候就结束了”，信件已经准备好要投递了，也许最重要的是，“一群疲惫而快乐的兄弟姐妹回家睡几个小时”。

这是真正的高绩效，衡量标准是：一项不可能的任务，在难以置信的时间内完成了，而那些完成了所有任务的人实际上很享受他们所做的事情。用我的话说，这叫“高度玩乐”。请注意，在整个过程中，并没有领导监视他们，他们做这一切都是自发的。

结论

这个结论只代表了这本书的结束。实际上，我们正在处理一项进行中的工作。从一开始，我就把这项工作描述为一项正在进行的实验，对我来说，已经进行二十多年了。

基于这些经验，并结合一种有效航行的方法（乘浪），对于世界和组织的本质，我提出了一些建议。我并不奢望自己已经取得了任何铁一般的证据，也不要求你们完全相信我说的话。事实上，恰恰相反，我热切地希望，在你自己的经验被证实之前，你什么都不要相信。

简言之，请你自己做这个实验。我希望你们的发现能与我的发现相媲美，如果能有任何不同的发现，那将是我们进一步深入学习的极好机会。

我的基本观点可以简单地陈述为：不存在任何非自组织系统的东西。所有系统，大到整个宇宙，小到最小的夸克集合，都是优雅而简洁的自组织过程的产物。不是只有一点点，也不是只存在于某个遥远的角落，而是存在于每一个地方，每时每刻，就像“一只驮着一只，一直驮下去的乌龟群”一样。

人类系统也不例外。一个小的夫妻店，一个大公司，或者整个国家，都是自组织的。这是人类前进道路上的一个重大转折，需要思维上的巨大转换。

我们总是被这样教导，人类系统或组织是通过我们的努力而产生的，是我们组织了它们，或者说，是我们掌控了它们。但是如果我所陈述的基本观点是正确的，那么我们将面对一个非常不同的世界。

在思维上进行必要的转换，就像从牛顿物理学到量子力学的转换一样激进。随着物理学家们不断深入亚原子世界，他们确实发现了一个奇怪的新世界，在那里空间可以弯曲，时间似乎可以倒流，牛顿视野中坚如磐石的确定性和秩序在不确定性中瓦解了。

这个新兴理论在很多人看来很疯狂，包括那些提出这个理论的人。奇怪之处在于，在某些情况下，牛顿理论仍然有效，杠杆仍然像牛顿预测的那样运行，我们成功飞往月球的努力也是基于经典的牛顿物理学。

现在距离量子革命第一次出现已经超过 100 年了，但牛顿的理论仍然是正确的，所不同的是，牛顿的思想现在与量子理论联系在一起。这意味着，对于简单而实用的事情，牛顿理论是可以做到的，但是如果你想要寻求更深、更完美的理解，那就别无选择，只能进入量子世界。

一旦进入量子世界，我们就会遇到并学会使用一种巨大的力量，这种力量使牛顿世界中所能想象到的一切都相形见绌。我们现在努力的成果随处可见，无论是好是坏，从氢弹到现代医学影像，所有这些都来自奇怪的量子世界，但牛顿理论仍然在运转，这也是事实。

这种思维上的转换让我们认识到，所有的事物都是自组织的，包括那些我们认为是由我们组织和控制的东西。这可能是一颗难以下咽的药丸，因为它表明我们花费了大量的时间和精力从事的事情，其实大部分都被浪费了。

在某种程度上，这种控制，以及控制的实施，对我们的自我价值感是至关重要的，而现在这种自我价值感的支柱被击倒了。

就像牛顿物理学的例子一样，旧的理解和方法似乎仍然有效，至少在有限的情况下如此。因此，我们可能会选择逃避这种转换，并继续坚持原来的信念，即我们是有控制权的组织者，但这要付出巨大的代价。

我们对事物应该如何运作的理解受到了奇怪的反常现象的挑战，事情不再像我们想的那样运作了。试图组织和控制的努力让我们压力重重，常常让我们像西西弗斯一样，眼睁睁地看着意想不到的后果和失败的努力像岩石一样滚回我们身上，但我们还有其他选择。

当我们选择将自组织视为世界的基础时，我们的状况将得到不可估量的改善。首先，许多麻烦的、反常的和违反直觉的经验开始变得有意义了。事实上，它们甚至是可以预测的。

我们不再需要为了维持世界的秩序而忽略或解释这些反常现象。我们在这个世界的任务，例如谋生或经商，现在都可以以最经济的方式来完成，并获得最佳的结果。我们可以有效地利用自组织的基本力量，实现单靠自己的力量和智慧永远无法实现的目标。总之，我们会成为有意识的和熟练的“乘浪者”。

当然，我们一直都是“乘浪者”，即使只是直觉上的，而且常常因此有一种负罪感。我们生活在一个自我组织的世界里，即使我们不知道这一点。我们已经实践了“乘浪”的艺术，尽管是秘密的。每次我们参与到非正式的沟通中，偷偷地与“露西”交谈，我们就进入了自组织的世界，但我们通常都有一些负罪感，因为我们没有按规则行事。但这种隐秘的状态不必继续下去了，因为“露西”和非正式系统已经从地下转至地上，现在是时候承认“露西”是我们的朋友之一了。

由于我们一直都是“乘浪者”，思维上的转换和行为上的改变并不像听起来那么激进，我们只需要有意识地去做一直在做的事情就可以了。沿着“乘浪者”培育指南中所列出的步骤，我相信你会发现这些步骤足以让你到达海边,开始第一次乘浪。在那之后，就完全取决于你了。

最后给你一句忠告。当你开始练习“乘浪”时，不要试图第一次就去“乘冠军级别的浪”，例如 Mavericks 那样的“巨浪”。先从小事做起，比如在员工会议上使用开放空间技术，通过邀请而不是分派来组建团队，或者只是围坐成一圈。随着时间的推移，你会找到自己的立足点，挑战巨浪的时刻也将到来。